# edition suhrkamp

Redaktion: Günther Busch

Bertolt Brecht, geboren am 10. Februar 1898 in Augsburg, starb am 14. August 1956 in Berlin.

Ende der zwanziger Jahre begann Brecht, Lehrstücke zu schreiben, in denen in Modellsituationen Mißstände der Gesellschaft aufgedeckt wurden. In seiner »Theorie der Pädagogien« merkt er zu ihnen an: »Die bürgerlichen Philosophen machen einen großen Unterschied zwischen den Tätigen und den Betrachtenden. Diesen Unterschied macht der Denkende nicht. Wenn man diesen Unterschied macht, dann überläßt man die Politik dem Tätigen und die Philosophie dem Betrachtenden, während doch in Wirklichkeit die Politiker Philosophen und die Philosophen Politiker sein müssen. Zwischen der wahren Philosophie und der wahren Politik ist kein Unterschied. Auf diese Erkenntnis folgt der Vorschlag des Denkenden, die jungen Leute durch Theaterspielen zu erziehen, das heißt sie zugleich zu Tätigen und Betrachtenden zu machen.«

Bertolt Brecht
Das Badener Lehrstück
vom Einverständnis
Die Rundköpfe und die Spitzköpfe
Die Ausnahme und die Regel
Drei Lehrstücke

Suhrkamp Verlag

edition suhrkamp 817
Erste Auflage 1975
© dieser Ausgabe: Suhrkamp Verlag, Frankfurt am Main 1975. *Das Badener Lehrstück vom Einverständnis* © by Suhrkamp Verlag, Berlin 1955; *Die Rundköpfe und die Spitzköpfe, Die Ausnahme und die Regel* © by Suhrkamp Verlag, Berlin 1957. Printed in Germany. Alle Rechte vorbehalten, insbesondere das des öffentlichen Vortrags, des Rundfunkvortrags, der Fernsehausstrahlung und der Verfilmung, auch einzelner Abschnitte. Das Recht der Aufführung ist nur vom Suhrkamp Verlag, Frankfurt am Main, zu erwerben. Den Bühnen und Vereinen gegenüber als Manuskript gedruckt. Satz in Linotype Garamond, Druck und Bindung bei Ebner, Ulm. Gesamtausstattung Willy Fleckhaus.

# Inhalt

# Das Badener Lehrstück vom Einverständnis

Mitarbeiter: S. Dudow, E. Hauptmann

*Personen*

Der Flieger · Die drei Monteure · Der Führer des gelernten Chors (Vorsänger) · Sprecher · Drei Clowns · Der gelernte Chor

*Auf einem in seinen Abmessungen der Anzahl der Mitspielenden entsprechenden Podium steht im Hintergrund der gelernte Chor. Links ist das Orchester aufgestellt, links im Vordergrund steht ein Tisch, an dem der Dirigent der Sänger und Musikanten, der Leiter der allgemeinen Gesänge (Vorsänger) und der Sprecher sitzen. Die Sänger der vier Gestürzten sitzen an einem Pult rechts im Vordergrunde. Zur Verdeutlichung der Szene können neben oder auf dem Podium die Trümmer eines Flugapparates liegen.*

I

BERICHT VOM FLIEGEN.

DIE VIER FLIEGER *berichten:*
Zu der Zeit, wo die Menschheit
Anfing sich zu erkennen
Haben wir Flugzeuge gemacht
Aus Holz, Eisen und Glas
Und sind durch die Luft geflogen.
Und zwar mit einer Schnelligkeit, die den Hurrikan
Um das Doppelte übertraf.
Und zwar war unser Motor
Stärker als hundert Pferde, aber
Kleiner als ein einziges.
Tausend Jahre fiel alles von oben nach unten
Ausgenommen der Vogel.
Selbst auf den ältesten Steinen

Fanden wir keine Zeichnung
Von irgendeinem Menschen, der
Durch die Luft geflogen ist.
Aber wir haben uns erhoben.
Gegen Ende des zweiten Jahrtausends unsrer Zeitrechnung
Erhob sich unsere
Stählerne Einfalt
Aufzeigend das Mögliche
Ohne uns vergessen zu machen: das
Noch nicht Erreichte.


2

DER STURZ.


DER FÜHRER DES GELERNTEN CHORS *spricht die Gestürzten an:*
Fliegt jetzt nicht mehr.
Ihr braucht nicht mehr geschwinder zu werden.
Der niedere Boden
Ist für euch
Jetzt hoch genug.
Daß ihr reglos liegt
Genügt.
Nicht oben über uns
Nicht weit vor uns
Nicht in eurem Laufe
Sondern reglos
Sagt uns, wer ihr seid.
DIE GESTÜRZTEN FLIEGER *antworten:*
Wir beteiligten uns an den Arbeiten unserer Kameraden.
Unsere Flugzeuge wurden besser
Wir flogen höher und höher
Das Meer war überwunden
Schon waren die Berge niedrig.

Uns hatte erfaßt das Fieber
Des Städtebaus und des Öls.
Unsere Gedanken waren Maschinen und
Die Kämpfe um Geschwindigkeit.
Wir vergaßen über den Kämpfen
Unsere Namen und unser Gesicht
Und über dem geschwinderen Aufbruch
Vergaßen wir unseres Aufbruchs Ziel.
Aber wir bitten euch
Zu uns zu treten und
Uns Wasser zu geben
Und unter den Kopf ein Kissen
Und uns zu helfen, denn
Wir wollen nicht sterben.

DER GELERNTE CHOR *wendet sich an die Menge:*
Hört ihr, vier Menschen
Bitten euch, ihnen zu helfen.
Sie sind
In die Luft geflogen und
Auf den Boden gefallen und
Wollen nicht sterben.
Darum bitten sie euch
Ihnen zu helfen.
Hier haben wir
Einen Becher mit Wasser und
Ein Kissen.
Ihr aber sagt uns
Ob wir ihnen helfen sollen.

DIE MENGE *antwortet dem gelernten Chor:*
Ja.

DER GELERNTE CHOR *zur Menge:*
Haben sie euch geholfen?

DIE MENGE
Nein.

DER SPRECHER *wendet sich an die Menge:*

Über die Erkaltenden hinweg wird untersucht, ob
Es üblich ist, daß der Mensch dem Menschen hilft.


3

UNTERSUCHUNGEN, OB DER MENSCH DEM MENSCHEN HILFT.


Erste Untersuchung

DER FÜHRER DES GELERNTEN CHORS *tritt vor:*

Einer von uns ist über das Meer gefahren und
Hat einen neuen Kontinent entdeckt.
Viele aber nach ihm
Haben aufgebaut dort große Städte mit
Vieler Mühe und Klugheit.

DER GELERNTE CHOR *erwidert:*

Das Brot wurde dadurch nicht billiger.

DER FÜHRER DES GELERNTEN CHORS

Einer von uns hat eine Maschine gemacht
Durch die Dampf ein Rad trieb, und das war
Die Mutter vieler Maschinen.
Viele aber arbeiten daran
Alle Tage.

DER GELERNTE CHOR *erwidert:*

Das Brot wurde dadurch nicht billiger.

DER FÜHRER DES GELERNTEN CHORS

Viele von uns haben nachgedacht
Über den Gang der Erde um die Sonne, über
Das Innere des Menschen, die Gesetze
Der Allgemeinheit, die Beschaffenheit der Luft
Und den Fisch der Tiefsee.
Und sie haben
Große Dinge gefunden.

DER GELERNTE CHOR *erwidert:*
  Das Brot wurde dadurch nicht billiger.
  Sondern
  Die Armut hat zugenommen in unseren Städten
  Und es weiß seit langer Zeit
  Niemand mehr, was ein Mensch ist.
  Zum Beispiel: während ihr flogt, kroch
  Ein euch Ähnliches am Boden
  Nicht wie ein Mensch!
DER FÜHRER DES GELERNTEN CHORS *wendet sich an die Menge:*
  Hilft der Mensch also dem Menschen?
DIE MENGE *erwidert:*
  Nein.


Zweite Untersuchung

DER FÜHRER DES GELERNTEN CHORS *wendet sich an die Menge:*
  Betrachtet unsere Bilder und sagt danach
  Daß der Mensch dem Menschen hilft!
  *Es werden zwanzig Photographien gezeigt, die darstellen,*
  *wie in unserer Zeit Menschen von Menschen abgeschlachtet*
  *werden.*
DIE MENGE *schreit:*
  Der Mensch hilft dem Menschen nicht.


Dritte Untersuchung

DER FÜHRER DES GELERNTEN CHORS *wendet sich an die Menge:*
  Betrachtet unsere Clownsnummer, in der
  Menschen einem Menschen helfen!

  *Drei Zirkusclowns, von denen einer, Herr Schmitt genannt,*
  *ein Riese ist, besteigen das Podium. Sie sprechen sehr laut.*

EINSER Heute ist es ein schöner Abend, Herr Schmitt.

ZWEIER Was sagen Sie zu dem Abend, Herr Schmitt?

HERR SCHMITT Ich finde ihn nicht schön.

EINSER Wollen Sie sich nicht setzen, Herr Schmitt?

ZWEIER Hier ist ein Stuhl, Herr Schmitt, warum antworten Sie uns jetzt nicht?

EINSER Kannst du nicht sehen: Herr Schmitt wünscht den Mond zu betrachten.

ZWEIER Du, sag mir einmal, warum kriechst du Herrn Schmitt immer in den Arsch? Das belästigt Herrn Schmitt.

EINSER Weil Herr Schmitt so stark ist, darum krieche ich Herrn Schmitt in den Arsch.

ZWEIER Ich auch.

EINSER Bitte Herrn Schmitt, sich zu uns zu setzen.

HERR SCHMITT Mir ist heute nicht gut.

EINSER Da müssen Sie sich aufheitern, Herr Schmitt.

HERR SCHMITT Ich glaube, ich kann mich nicht mehr aufheitern. *Pause.* Was habe ich denn für eine Gesichtsfarbe?

EINSER Rosig, Herr Schmitt, immer rosig.

HERR SCHMITT Sehen Sie, und ich glaubte, ich sähe weiß aus im Gesicht.

EINSER Das ist aber merkwürdig, Sie sagen, Sie meinen, Sie sähen weiß aus im Gesicht? Wenn ich Sie nämlich jetzt so ansehe, da muß ich schon sagen, ich meine jetzt auch, Sie sähen weiß aus im Gesicht.

ZWEIER Da würde ich mich aber setzen, Herr Schmitt, wo Sie doch so aussehen.

HERR SCHMITT Ich möchte mich heute nicht setzen.

EINSER Nein, nein, nicht setzen, auf keinen Fall setzen, lieber stehen bleiben.

HERR SCHMITT Warum, meinen Sie, soll ich stehen bleiben?

EINSER *zum Zweier:* Er kann sich heute nicht setzen, weil er sonst vielleicht nie wieder aufstehen kann.

HERR SCHMITT Ach Gott!

EINSER Hören Sie, er merkt es schon selber. Da bleibt der Herr Schmitt schon lieber stehen.

HERR SCHMITT Sagen Sie, ich glaube fast, mein linker Fuß tut mir etwas weh.

EINSER Sehr?

HERR SCHMITT *wehleidig:* Wie?

EINSER Tut er Ihnen sehr weh?

HERR SCHMITT Ja, er tut mir schon sehr weh . . .

ZWEIER Das kommt vom Stehen.

HERR SCHMITT Ja, soll ich mich setzen?

EINSER Nein, auf keinen Fall, das müssen wir vermeiden.

ZWEIER Wenn Ihnen der linke Fuß weh tut, dann gibt es nur eines: weg mit dem linken Fuß.

EINSER Und je rascher, desto besser.

HERR SCHMITT Ja, wenn Sie glauben . . .

ZWEIER Natürlich.

*Sie sägen ihm den linken Fuß ab.*

HERR SCHMITT Einen Stock, bitte.

*Sie geben ihm einen Stock.*

EINSER Nun, können Sie jetzt besser stehen, Herr Schmitt?

HERR SCHMITT Ja, links. Den Fuß müßt ihr mir aber geben, ich möchte ihn nicht verlieren.

EINSER Bitte, wenn Sie Mißtrauen haben . . .

ZWEIER Wir können ja auch gehen . . .

HERR SCHMITT Nein, nein, jetzt müßt ihr dableiben, weil ich doch nicht mehr gehen kann allein.

EINSER Hier ist der Fuß.

*Herr Schmitt nimmt den Fuß unter den Arm.*

HERR SCHMITT Jetzt ist mir mein Stock heruntergefallen.

ZWEIER Dafür haben Sie ja jetzt Ihren Fuß wieder.

*Beide lachen schallend.*

HERR SCHMITT Jetzt kann ich wirklich nicht mehr stehen. Denn jetzt fängt natürlich auch das andere Bein an, weh zu tun.

EINSER Das läßt sich denken.

HERR SCHMITT  Ich möchte Sie nicht mehr belästigen, als nötig ist, aber ohne den Stock kann ich schwer auskommen.

ZWEIER  Bis wir den Stock aufheben, können wir Ihnen geradesogut das andere Bein absägen, das Ihnen ja sehr weh tut.

HERR SCHMITT  Ja, vielleicht ist es dann besser.

*Sie sägen ihm das andere Bein ab. Herr Schmitt fällt um.*

HERR SCHMITT  Jetzt kann ich nicht mehr aufstehen.

EINSER  Scheußlich, und gerade das wollten wir unbedingt vermeiden, daß Sie sitzen.

HERR SCHMITT  Was?!

ZWEIER  Sie können nicht mehr aufstehen, Herr Schmitt.

HERR SCHMITT  Sagen Sie mir das nicht, das tut mir weh.

ZWEIER  Was soll ich nicht mehr sagen?

HERR SCHMITT  Das . . .

ZWEIER  Daß Sie nicht mehr aufstehen können?

HERR SCHMITT  Können Sie denn nicht Ihren Mund halten?

ZWEIER  Nein, Herr Schmitt, aber ich kann Ihnen Ihr linkes Ohr herausschrauben, dann hören Sie mich nicht mehr sagen, daß Sie nicht aufstehen können.

HERR SCHMITT  Ja, vielleicht ist das besser.

*Sie schrauben ihm sein linkes Ohr ab.*

HERR SCHMITT  *zum Einser:* Jetzt kann ich nur mehr Sie hören. *Zweier geht herüber auf die andere Seite.* Bitte um das Ohr! *Wird wütend:* Und bitte auch um das fehlende zweite Bein. Das ist keine Art, einen kranken Menschen zu behandeln. Liefern Sie sofort die in Verlust geratenen Gliedmaßen an mich, ihren Eigentümer, zurück. *Sie geben ihm auch das andere Bein unter den Arm und legen ihm das Ohr in den Schoß.* Überhaupt, wenn Sie hier etwa mit mir Ihren Schabernack treiben wollen, so haben Sie sich gründlich – was ist denn nur mit meinem Arm?

ZWEIER  Das wird eben sein, weil Sie dies viele nutzlose Zeug schleppen.

HERR SCHMITT  *leise:* Sicher. Könntet ihr es mir nicht abnehmen?

ZWEIER Aber wir könnten Ihnen ja den ganzen Arm abnehmen, das ist dann doch besser.

HERR SCHMITT Ja, bitte, wenn ihr meint . . .

ZWEIER Natürlich.

*Sie sägen ihm den linken Arm ab.*

HERR SCHMITT Danke, ihr macht euch viel zuviel Mühe mit
mir.

EINSER So, Herr Schmitt, da haben Sie alles, was Ihnen gehört,
das kann Ihnen keiner mehr rauben.

*Sie legen ihm alle abgenommenen Gliedmaßen in den Schoß.
Herr Schmitt betrachtet sie.*

HERR SCHMITT Komisch, ich habe so unangenehme Gedanken
im Kopf. Ich bitte Sie – *zu Einser* –, mir etwas Angenehmes
zu sagen.

EINSER Gerne, Herr Schmitt, wollen Sie eine Geschichte hören?
Zwei Herren kommen aus einem Gasthaus. Da sie in einen
furchtbaren Streit geraten, bewerfen sie sich mit Pferde-
äpfeln, der eine trifft den anderen mit einem Pferdeapfel in
den Mund, da sagt der andere: So, den lasse ich jetzt drinnen,
bis die Polizei kommt.

*Zweier lacht, Herr Schmitt lacht nicht.*

HERR SCHMITT Das ist keine schöne Geschichte. Können Sie
mir nicht etwas Schönes erzählen, ich habe, wie gesagt,
unangenehme Gedanken im Kopf.

EINSER Nein, leider, Herr Schmitt, außer dieser Geschichte
wüßte ich nichts mehr zu erzählen.

ZWEIER Aber wir können Ihnen ja den Kopf absägen, wenn
Sie so dumme Gedanken drin haben.

HERR SCHMITT Ja, bitte, vielleicht hilft das.

*Sie sägen ihm die obere Kopfhälfte ab.*

EINSER Wie ist Ihnen jetzt, Herr Schmitt, ist Ihnen leichter?

HERR SCHMITT Ja, viel leichter. Jetzt ist mir viel leichter. Nur,
es friert mich sehr am Kopf.

ZWEIER Setzen Sie doch Ihren Hut auf. *Brüllt:* Hut aufsetzen!

HERR SCHMITT Ich kann doch nicht herunterlangen.

ZWEIER  Wollen Sie den Stock haben?

HERR SCHMITT  Ja, bitte. *Er fischt nach dem Hut.* Jetzt ist mir der Stock heruntergefallen, da kann ich den Hut nicht erreichen. Es friert mich sehr stark.

ZWEIER  Wenn wir Ihnen den Kopf überhaupt herausschraubten?

HERR SCHMITT  Ja, ich weiß nicht . . .

EINSER  Doch . . .

HERR SCHMITT  Nein wirklich, ich weiß schon gar nichts mehr.

ZWEIER  Eben deshalb.
*Sie schrauben ihm den Kopf heraus. Herr Schmitt fällt hintenüber.*

HERR SCHMITT  Halt!! Leg mir doch einer die Hand auf die Stirn!

EINSER  Wo?

HERR SCHMITT  Faß mich doch einer an der Hand.

EINSER  Wo?

ZWEIER  Ist Ihnen jetzt leichter, Herr Schmitt?

HERR SCHMITT  Nein. Ich liege nämlich mit meinem Rücken auf einem Stein.

ZWEIER  Ja, Herr Schmitt, alles können Sie nicht haben.
*Die beiden lachen schallend. (Ende der Clownsnummer.)*


DIE MENGE *schreit:*
Der Mensch hilft dem Menschen nicht.

DER FÜHRER DES GELERNTEN CHORS
Sollen wir das Kissen zerreißen?

DIE MENGE
Ja.

DER FÜHRER DES GELERNTEN CHORS
Sollen wir das Wasser ausschütten?

DIE MENGE
Ja.

## 4

DIE HILFEVERWEIGERUNG.

DER GELERNTE CHOR
  Also soll ihnen nicht geholfen werden.
  Wir zerreißen das Kissen, wir
  Schütten das Wasser aus.
  *Der Sprecher zerreißt jetzt das Kissen und schüttet das Wasser aus.*
DIE MENGE *liest für sich:*
  Freilich saht ihr
  Hilfe an manchem Ort
  Mancherlei Art, erzeugt durch den Zustand
  Der noch nicht zu entbehrenden
  Gewalt.
  Dennoch raten wir euch, der grausamen
  Wirklichkeit
  Grausamer zu begegnen und
  Mit dem Zustand, der den Anspruch erzeugt
  Aufzugeben den Anspruch. Also
  Nicht zu rechnen mit Hilfe:
  Um Hilfe zu verweigern, ist Gewalt nötig
  Um Hilfe zu erlangen, ist auch Gewalt nötig.
  Solange Gewalt herrscht, kann Hilfe verweigert werden
  Wenn keine Gewalt mehr herrscht, ist keine Hilfe
        mehr nötig.
  Also sollt ihr nicht Hilfe verlangen, sondern die Gewalt
        abschaffen.
  Hilfe und Gewalt geben ein Ganzes
  Und das Ganze muß verändert werden.

## 5

DIE BERATUNG.


DER GESTÜRZTE FLIEGER
Kameraden, wir
Werden sterben.

DIE DREI GESTÜRZTEN MONTEURE
Wir wissen, daß wir sterben werden, aber
Weißt du es?
Höre also:
Du stirbst unbedingt.
Dein Leben wird dir entrissen
Deine Leistung wird dir gestrichen
Du stirbst für dich.
Es wird dir nicht zugesehen
Du stirbst endlich
Und so müssen wir auch.


## 6

BETRACHTUNG DER TOTEN.


DER SPRECHER
Betrachtet die Toten!
*Es werden sehr groß zehn Photographien von Toten gezeigt,
dann sagt der Sprecher: »Zweite Betrachtung der Toten«,
und die Photographien werden noch einmal gezeigt.*
*Nach der Betrachtung der Toten beginnen die Gestürzten zu
schreien*

DIE GESTÜRZTEN
Wir können nicht sterben.

## 7

DIE VERLESUNG DER KOMMENTARTEXTE.

DER GELERNTE CHOR *wendet sich an die Gestürzten:*
Wir können euch nicht helfen.
Nur eine Anweisung
Nur eine Haltung
Können wir euch geben.
Sterbt, aber lernt
Lernt, aber lernt nicht falsch.

DIE GESTÜRZTEN
Wir haben nicht viel Zeit
Wir können nicht mehr viel lernen.

DER GELERNTE CHOR
Habt ihr wenig Zeit
Habt ihr Zeit genug
Denn das Richtige ist leicht.
*Aus dem gelernten Chor tritt der Sprecher mit einem Buch.*
*Er begibt sich zu den Gestürzten, setzt sich und liest aus dem*
*Kommentar.*

DER SPRECHER
1. Wer etwas entreißt, der wird etwas festhalten. Und wem
etwas entrissen wird, der wird es auch festhalten. Und wer
etwas festhält, dem wird etwas entrissen.
Welcher von uns stirbt, was gibt der auf? Der gibt doch nicht
nur seinen Tisch oder sein Bett auf! Wer von uns stirbt, der
weiß auch, ich gebe auf, was da vorhanden ist, mehr als ich
habe, schenke ich weg. Wer von uns stirbt, der gibt die Straße
auf, die er kennt, und auch, die er nicht kennt. Die Reichtümer, die er hat, und auch, die er nicht hat. Die Armut
selbst. Seine eigene Hand.
Wie nun wird der einen Stein heben, der nicht geübt ist? Wie
wird der einen großen Stein heben? Wie wird, der das Aufgeben nicht geübt hat, seinen Tisch aufgeben oder: alles auf-

geben, was er hat und was er nicht hat? Die Straße, die er kennt, und auch, die er nicht kennt? Die Reichtümer, die er hat, und auch, die er nicht hat? Die Armut selbst? Seine eigene Hand?

2. Als der Denkende in einen großen Sturm kam, saß er in einem großen Fahrzeug und nahm viel Platz ein. Das erste war, daß er aus seinem Fahrzeug stieg, das zweite war, daß er seinen Rock ablegte, das dritte war, daß er sich auf den Boden legte. So überwand er den Sturm in seiner kleinsten Größe.

DIE GESTÜRZTEN *erkundigen sich beim Sprecher:*
Überstand er so den Sturm?

DER SPRECHER
In seiner kleinsten Größe überstand er den Sturm.

DIE GESTÜRZTEN
In seiner kleinsten Größe überstand er den Sturm.

DER SPRECHER
3. Um einen Menschen zu seinem Tode zu ermutigen, bat der eingreifend Denkende ihn, seine Güter aufzugeben. Als er alles aufgegeben hatte, blieb nur das Leben übrig. Gib mehr auf, sagte der Denkende.

4. Wenn der Denkende den Sturm überwand, so überwand er ihn, weil er den Sturm kannte und er einverstanden war mit dem Sturm. Also, wenn ihr das Sterben überwinden wollt, so überwindet ihr es, wenn ihr das Sterben kennt und einverstanden seid mit dem Sterben. Wer aber den Wunsch hat, einverstanden zu sein, der hält bei der Armut. An die Dinge hält er sich nicht! Die Dinge können genommen werden, und dann ist da kein Einverständnis. Auch an das Leben hält er sich nicht. Das Leben wird genommen werden, und dann ist da kein Einverständnis. Auch an die Gedanken hält er sich nicht, die Gedanken können auch genommen werden, und dann ist da auch kein Einverständnis.

# 8

DAS EXAMEN.

*Der gelernte Chor examiniert die Gestürzten im Angesicht der Menge.*

I

DER GELERNTE CHOR
   Wie hoch seid ihr geflogen?
DIE DREI GESTÜRZTEN MONTEURE
   Wir sind ungeheuer hoch geflogen.
DER GELERNTE CHOR
   Wie hoch seid ihr geflogen?
DIE DREI GESTÜRZTEN MONTEURE
   Wir sind viertausend Meter hoch geflogen.
DER GELERNTE CHOR
   Wie hoch seid ihr geflogen?
DIE DREI GESTÜRZTEN MONTEURE
   Wir sind ziemlich hoch geflogen.
DER GELERNTE CHOR
   Wie hoch seid ihr geflogen?
DIE DREI GESTÜRZTEN MONTEURE
   Wir haben uns etwas über den Boden erhoben.
DER FÜHRER DES GELERNTEN CHORS *wendet sich an die Menge:*
   Sie haben sich etwas über den Boden erhoben.
DER GESTÜRZTE FLIEGER
   Ich bin ungeheuer hoch geflogen.
DER GELERNTE CHOR
   Und er ist ungeheuer hoch geflogen.

2

DER GELERNTE CHOR
   Wurdet ihr gerühmt?

DIE DREI GESTÜRZTEN MONTEURE
  Wir wurden nicht genug gerühmt.
DER GELERNTE CHOR
  Wurdet ihr gerühmt?
DIE DREI GESTÜRZTEN MONTEURE
  Wir wurden gerühmt.
DER GELERNTE CHOR
  Wurdet ihr gerühmt?
DIE DREI GESTÜRZTEN MONTEURE
  Wir wurden genug gerühmt.
DER GELERNTE CHOR
  Wurdet ihr gerühmt?
DIE DREI GESTÜRZTEN MONTEURE
  Wir wurden ungeheuer gerühmt.
DER FÜHRER DES GELERNTEN CHORS *zur Menge:*
  Sie wurden ungeheuer gerühmt.
DER GESTÜRZTE FLIEGER
  Ich wurde nicht genug gerühmt.
DER GELERNTE CHOR
  Und er wurde nicht genug gerühmt.


3
DER GELERNTE CHOR
  Wer seid ihr?
DIE DREI GESTÜRZTEN MONTEURE
  Wir sind die, die den Ozean überflogen.
DER GELERNTE CHOR
  Wer seid ihr?
DIE DREI GESTÜRZTEN MONTEURE
  Wir sind einige von euch.
DER GELERNTE CHOR
  Wer seid ihr?
DIE DREI GESTÜRZTEN MONTEURE
  Wir sind niemand.

DER FÜHRER DES GELERNTEN CHORS *zur Menge:*
  Sie sind niemand.
DER GESTÜRZTE FLIEGER
  Ich bin Charles Nungesser.
DER GELERNTE CHOR
  Und er ist Charles Nungesser.


4
DER GELERNTE CHOR
  Wer wartet auf euch?
DIE DREI GESTÜRZTEN MONTEURE
  Viele über dem Meer warten auf uns.
DER GELERNTE CHOR
  Wer wartet auf euch?
DIE DREI GESTÜRZTEN MONTEURE
  Unser Vater und unsere Mutter warten auf uns.
DER GELERNTE CHOR
  Wer wartet auf euch?
DIE DREI GESTÜRZTEN MONTEURE
  Niemand wartet auf uns.
DER FÜHRER DES GELERNTEN CHORS *zur Menge:*
  Niemand wartet auf sie.


5
DER GELERNTE CHOR
  Wer also stirbt, wenn ihr sterbt?
DIE DREI GESTÜRZTEN MONTEURE
  Die zuviel gerühmt wurden.
DER GELERNTE CHOR
  Wer also stirbt, wenn ihr sterbt?
DIE DREI GESTÜRZTEN MONTEURE
  Die sich etwas über den Boden erhoben.
DER GELERNTE CHOR
  Wer also stirbt, wenn ihr sterbt?

DIE DREI GESTÜRZTEN MONTEURE
Auf die niemand wartet.

DER GELERNTE CHOR
Wer also stirbt, wenn ihr sterbt?

DIE DREI GESTÜRZTEN MONTEURE
Niemand.

DER GELERNTE CHOR
Jetzt wißt ihr:
Niemand
Stirbt, wenn ihr sterbt.
Jetzt haben sie
Ihre kleinste Größe erreicht.

DER GESTÜRZTE FLIEGER
Aber ich habe mit meinem Fliegen
Meine größte Größe erreicht.
Wie hoch immer ich flog, höher flog
Niemand.
Ich wurde nicht genug gerühmt, ich
Kann nicht genug gerühmt werden
Ich bin für nichts und niemand geflogen.
Ich bin für das Fliegen geflogen.
Niemand wartet auf mich, ich
Fliege nicht zu euch hin, ich
Fliege von euch weg, ich
Werde nie sterben.


9

RUHM UND ENTEIGNUNG.


DER GELERNTE CHOR
Jetzt aber
Zeigt, was ihr erreicht habt.
Denn nur

Das Erreichte ist wirklich.
Gebt also jetzt den Motor her
Tragflächen und Fahrgestell, alles
Womit du geflogen bist und
Was ihr gemacht habt.
Gebt es auf!

DER GESTÜRZTE FLIEGER
Ich gebe es nicht auf.
Was ist
Ohne den Flieger das Flugzeug?

DER FÜHRER DES GELERNTEN CHORS
Nehmt es!
*Das Flugzeug wird von den Gestürzten weg in die andere
Ecke des Podiums getragen.*

DER GELERNTE CHOR *während der Enteignung, rühmt
die Gestürzten:*
Erhebt euch, Flieger, ihr habt die Gesetze der Erde
              verändert.
Tausend Jahre fiel alles von oben nach unten
Ausgenommen der Vogel.
Selbst auf den ältesten Steinen
Fanden wir keine Zeichnung
Von irgendeinem Menschen, der
Durch die Luft geflogen ist
Aber ihr habt euch erhoben
Gegen Ende des zweiten Jahrtausends unserer Zeitrechnung.

DIE DREI GESTÜRZTEN MONTEURE *zeigen plötzlich auf den
gestürzten Flieger:*
Was ist das, seht doch!

DER FÜHRER DES GELERNTEN CHORS *schnell zum gelernten Chor:*
Stimmt das »Völlig unkenntlich« an.

DER GELERNTE CHOR *umringt den gestürzten Flieger:*
Völlig unkenntlich
Ist jetzt sein Gesicht
Erzeugt zwischen ihm und uns, denn

Der uns brauchte und
Dessen wir bedurften: das
War er.

DER FÜHRER DES GELERNTEN CHORS

Dieser
Inhaber eines Amts
Wenn auch angemaßt
Entriß uns, was er brauchte, und
Verweigerte uns, dessen wir bedurften.
Also sein Gesicht
Verlosch mit seinem Amt:
Er hatte nur eines!

*Vier aus dem gelernten Chor diskutieren über ihn hinweg:*

DER ERSTE

Wenn es ihn gab –

DER ZWEITE

Es gab ihn.

DER ERSTE

Was war er?

DER ZWEITE

Er war niemand.

DER DRITTE

Wenn er einer war –

DER VIERTE

Er war niemand.

DER DRITTE

Wie sichtete man ihn?

DER VIERTE

Indem man ihn beschäftigte.

ALLE VIER

Indem man ihn anruft, entsteht er.
Wenn man ihn verändert, gibt es ihn.
Wer ihn braucht, der kennt ihn.
Wem er nützlich ist, der vergrößert ihn.

**DER ZWEITE**
Und doch ist er niemand.

**DER GELERNTE CHOR** *zusammen zur Menge:*
Was da liegt ohne Amt
Ist nichts Menschliches mehr.
Stirb jetzt, du Keinmenschmehr!

**DER GESTÜRZTE FLIEGER**
Ich kann nicht sterben.

**DIE DREI GESTÜRZTEN MONTEURE**
Du bist aus dem Fluß gefallen, Mensch.
Du bist nicht im Fluß gewesen, Mensch.
Du bist zu groß, du bist zu reich.
Du bist zu eigentümlich.
Darum kannst du nicht sterben.

**DER GELERNTE CHOR**
Aber
Wer nicht sterben kann
Stirbt auch.
Wer nicht schwimmen kann
Schwimmt auch.


# 10

## DIE AUSTREIBUNG

**DER GELERNTE CHOR**
Einer von uns
An Gesicht, Gestalt und Gedanke
Uns gleichend durchaus
Muß uns verlassen, denn
Er ist gezeichnet über Nacht, und
Seit heute morgen ist sein Atem faulig.
Seine Gestalt verfällt, sein Gesicht
Einst uns vertraut, wird schon unbekannt.

Mensch, rede mit uns, wir erwarten
An dem gewohnten Platz deine Stimme. Sprich!
Er spricht nicht. Seine Stimme
Bleibt aus. Jetzt erschrick nicht, Mensch, aber
Jetzt mußt du weggehen. Gehe rasch!
Blick dich nicht um, geh
Weg von uns.
*Der Sänger des gestürzten Fliegers verläßt das Podium.*


I I

DAS EINVERSTÄNDNIS


DER GELERNTE CHOR *redet die drei gestürzten Monteure an:*
Ihr aber, die ihr einverstanden seid mit dem Fluß der Dinge
Sinkt nicht zurück in das Nichts.
Löst euch nicht auf wie Salz im Wasser, sondern
Erhebt euch
Sterbend euren Tod wie
Ihr gearbeitet habt eure Arbeit
Umwälzend eine Umwälzung.
Richtet euch also sterbend
Nicht nach dem Tod
Sondern übernehmt von uns den Auftrag
Wieder aufzubauen unser Flugzeug.
Beginnt!
Um für uns zu fliegen
An den Ort, wo wir euch brauchen
Und zu der Zeit, wo es nötig ist. Denn
Euch
Fordern wir auf, mit uns zu marschieren und mit uns
Zu verändern nicht nur
Ein Gesetz der Erde, sondern
Das Grundgesetz:

Einverstanden, daß alles verändert wird
Die Welt und die Menschheit
Vor allem die Unordnung
Der Menschenklassen, weil es zweierlei Menschen gibt
Ausbeutung und Unkenntnis.

DIE DREI GESTÜRZTEN MONTEURE

Wir sind einverstanden mit der Änderung.

DER GELERNTE CHOR

Und wir bitten euch
Verändert unsern Motor und verbessert ihn
Auch vergrößert Sicherheit und Geschwindigkeit
Und vergeßt auch nicht das Ziel über dem geschwinderen
       Aufbruch.

DIE DREI GESTÜRZTEN MONTEURE

Wir verbessern die Motore, die Sicherheit und
Die Geschwindigkeit.

DER GELERNTE CHOR

Gebt sie auf!

DER FÜHRER DES GELERNTEN CHORS

Marschiert!

DER GELERNTE CHOR

Habt ihr die Welt verbessert, so
Verbessert die verbesserte Welt.
Gebt sie auf!

DER FÜHRER DES GELERNTEN CHORS

Marschiert!

DER GELERNTE CHOR

Habt ihr die Welt verbessernd die Wahrheit
       vervollständigt, so
Vervollständigt die vervollständigte Wahrheit.
Gebt sie auf!

DER FÜHRER DES GELERNTEN CHORS

Marschiert!

**DER GELERNTE CHOR**

Habt ihr die Wahrheit vervollständigend die Menschheit
    verändert, so
Verändert die veränderte Menschheit.
Gebt sie auf!

**DER FÜHRER DES GELERNTEN CHORS**

Marschiert!

**DER GELERNTE CHOR**

Ändernd die Welt, verändert euch!
Gebt euch auf!

**DER FÜHRER DES GELERNTEN CHORS**

Marschiert!

# Anmerkung

Entstehungszeit: 1929. Vorspruch (*Versuche*-Heft 2): »Der siebente Versuch: Das Baden-Badener ›Lehrstück‹ ist nach dem ›Ozeanflug‹ ein weiterer Versuch im Lehrstück. Das Lehrstück erwies sich beim Abschluß als unfertig: dem Sterben ist im Vergleich zu seinem doch wohl nur geringen Gebrauchswert zuviel Gewicht beigemessen. Der Abdruck erfolgt, weil es aufgeführt, immerhin einen kollektiven Apparat organisiert. Zu einigen Teilen existiert eine Musik von Paul Hindemith.«

# Die Rundköpfe und die Spitzköpfe
oder
## Reich und Reich gesellt sich gern

Ein Greuelmärchen

Mitarbeiter: E. Burri, H. Eisler, E. Hauptmann, M. Steffin

*Personen*

TSCHUCHEN (Rundköpfe): Der Vizekönig · Missena, sein Staatsrat · Angelo Iberin, Statthalter · Callas, Pächter · Nanna, seine Tochter, Kellnerin in dem Kaffeehaus der Frau Cornamontis · Frau Callas und ihre vier kleinen Kinder · Alfonso Saz, Juan Duarte, Sebastian de Hoz – Pachtherren · Frau Cornamontis, Besitzerin eines Kaffeehauses · Callamassi, Hausbesitzer · Palmosa, Tabakhändler · Die dicke Frau Tomaso, Besitzerin eines Viktualienladens · Die Oberin von San Barabas · Der Abt von San Stefano · Anwalt der Familie de Guzman · Der Richter · Der Inspektor · Der Schreiber · Parr, Pächter · Die drei Huas · Zwei Klosterfrauen · Iberinsoldaten · Pächter · Kleinbürger
TSCHICHEN (Spitzköpfe): Emanuele de Guzman, Pachtherr · Isabella, seine Schwester · Lopez, Pächter · Frau Lopez und ihre vier kleinen Kinder · Ignatio Peruiner, Pachtherr · Zweiter Anwalt der Familie de Guzman · Ein Arzt · Ein Viktualienhändler · Pächter · Kleinbürger

Die Bevölkerung jener Stadt Luma, in der das Stück spielt, besteht aus Tschuchen und Tschichen, zwei Rassen, von denen die erste r u n d e und die andere s p i t z e Köpfe aufweist. Diese spitzen Köpfe müssen mindestens 15 cm höher sein als die runden. Aber die runden Köpfe müssen nicht weniger abnormal sein als die spitzen.

# Vorspiel

*Vor den kleinen Vorhang treten sieben Spieler: der Direktor
des Theaters, der Statthalter, der aufständische Pächter, der
Pachtherr, seine Schwester, der Pächter Callas und seine Tochter. Die letzten vier sind im Hemd. Der Statthalter, im Kostüm, aber ohne Maske, trägt eine Waage mit zwei spitzen und
zwei runden Schädelformen; der aufständische Pächter trägt
eine Waage mit zwei noblen und zwei zerlumpten Kleidern;
er ist ebenfalls im Kostüm, aber nicht in Maske.*

DER DIREKTOR DES THEATERS
Geehrtes Publikum, das Stück fängt an.
Der es verfaßte, ist ein weitgereister Mann.
(Er reiste übrigens nicht immer ganz freiwillig.) In dem
       Stück da
Zeigt er Ihnen, was er sah.
Um es Ihnen mit zwei Worten zu unterbreiten:
Er sah furchtbare Streitigkeiten.
Er sah den weißen Mann mit dem schwarzen ringen.
Einen kleinen Gelben sah er einen großen Gelben nieder-
       zwingen.
Ein Finne schmiß nach einem Schweden einen Stein
Und ein Mann mit einer Stupsnase schlug auf einen Mann
       mit einer Hakennase ein.
Unser Stückeschreiber erkundigte sich, worin ihr Streit be-
       steht.
Da erfuhr er: durch die Länder geht
Jetzt der große Schädelverteiler
Das ist der Allerweltsheiler

Der hat allerhand Nasen in seiner Tasche und verschieden-
    farbige Haut
Damit trennt er den Freund vom Freund und den Bräutigam
    von der Braut.
Denn er schreit aus auf dem Land und in der Stadt:
Es kommt an auf den Schädel, den ein Mensch hat.
Darum, wo der große Schädelverteiler war
Schaut man dem Menschen auf Haut, Nase und Haar
Und jeder wird geschlagen krumm und lahm
Der den falschen Schädel von ihm bekam.
Und überall wurde unser Stückeschreiber verhört
Ob ihn der Unterschied der Schädel nicht auch stört
Oder ob er unter den Menschen gar keinen Unterschied
    sieht.
Da sagte er: ich seh einen Unterschied.
Aber der Unterschied, den i c h seh
Der ist größer als der zwischen den Schädeln nur
Und der hinterläßt eine viel tiefere Spur
Und der entscheidet über Wohl und Weh.
Und ich will ihn euch auch nennen gleich:
Es ist der Unterschied zwischen arm und reich.
Und ich denke, wir werden so verbleiben
Ich werde euch ein Gleichnis schreiben
In dem beweis ich es jedermann
Es kommt nur auf diesen Unterschied an.


Dieses Gleichnis, meine Lieben, wird jetzt hier aufgeführt.
    Dazu
Haben wir auf unserer Bühne ein Land aufgebaut namens
    Jahoo.
In dem wird der Schädelverteiler seine Schädel verteilen
Und einige Leute wird sogleich ihr Schicksal ereilen.
Aber der Stückeschreiber wird dafür sorgen dann
Daß man auch unterscheiden kann armen und reichen Mann.
Er wird verschiedene Kleider verteilen lassen

Die zu dem Vermögen der Leute passen.

Schließt also jetzt die Türen!

Der große Schädelverteiler wird gleich seine Schädel vorführen.

DER STATTHALTER *tritt vor und demonstriert unter Blechlärm seine Schädelwaage:*

Hier habe ich zweierlei Schädel, wie jeder sieht.

Sie sehen den gewaltigen Unterschied:

Der eine ist spitz, der andre ist rund.

Der ist krank. Der ist gesund.

Gibt es wo Elend und Ungerechtigkeit

So ist der im Spiel allezeit.

Gibt es wo Ungleichheit, Fettleibigkeit und Muskelschwund

So ist der der Grund.

Wer mit meiner Waage wiegt

Der wird sehen, wo das Recht und wo das Unrecht liegt.

*Mit dem Finger drückt er die Schale nieder, auf der die Rundköpfe liegen.*

DER DIREKTOR *den aufständischen Pächter vorführend:*

Und nun zeig du Kleiderverteiler deine Kleider her

Die du auf deiner Waage trägst

Und die du den Menschen in ihre Wiegen legst.

DER AUFSTÄNDISCHE PÄCHTER *zeigt seine Kleiderwaage:*

Den Unterschied zu sehen, ist, denk ich, nicht schwer

Das sind die guten und das sind die schlechten.

Darüber kann man, denk ich, nicht rechten.

Wer in solchen Kleidern wandelt

Wird für gewöhnlich nicht so behandelt

Wie der, der solche Kleider anhat.

Mir scheint, das weiß man in Dorf und Stadt.

Wer mit meiner Waage wiegt

Der kann sehen, wer auf der Welt den Kuchen kriegt.

*Mit dem Finger drückt er die Schale nieder, auf der die noblen Kleider liegen.*

DER DIREKTOR

Ihr seht, der Stückeschreiber benutzt zwei Waagen mit ver-
schiedenen Normen.

Auf einer wiegt er Kleider, fein und abgetragen.

Und mit der anderen wiegt er Schädelformen.

Dann kommt sein Witz: er wiegt die beiden Waagen.

*Er hat eine der Waagen nach der andern in die Hand ge-
nommen, dann beide gegeneinander abgewogen. Jetzt gibt
er sie zurück und wendet sich an seine Schauspieler:*

Ihr, die ihr Spieler der Parabel seid

Wählt vor dem Publikum jetzt Kopf und Kleid

Wie es euch vorgeschrieben ist im Stück.

Und hat der Stückeschreiber, wie wir glauben, recht

Dann wählt ihr mit dem Kleide das Geschick

Nicht mit der Schädelform. Auf zum Gefecht!

DER PÄCHTER *nach zwei Rundköpfen greifend:*

Wir nehmen uns den Rundkopf, liebe Tochter.

DER PACHTHERR

Den Spitzkopf tragen wir.

DIE SCHWESTER DES PACHTHERRN

Auf Wunsch Herrn Bertolt Brechts . . .

DIE TOCHTER DES PÄCHTERS

Die Tochter eines Rundkopfs ist ein Rundkopf.

Ich bin ein Rundkopf weiblichen Geschlechts.

DER DIREKTOR

Und hier die Kostüme.

*Die Schauspieler wählen sich die Kleider.*

DER PACHTHERR

Ich mach den Pachtherrn.

DER PÄCHTER

Ich den Pächter nur.

DIE SCHWESTER DES PACHTHERRN

Des Pachtherrn Schwester ich.

DIE TOCHTER DES PÄCHTERS

Und ich die Hur.

DER DIREKTOR *zu den Schauspielern:*
  So, das Problem ist hoffentlich verstanden?
DIE SCHAUSPIELER
                                                    Ja.
DER DIREKTOR *noch einmal prüfend:*
  Rundkopf und Spitzkopf, erstens: ist vorhanden.
  Der Unterschied von arm und reich: ist da.
  Und jetzt Kulisse her und Praktikabel
  Und frisch die Welt gezeigt in der Parabel!
  Wir hoffen, es gelingt uns und Sie sehn
  Welch Unterschiede vor den andern gehn.
  *Sie gehen alle hinter den kleinen Vorhang.*


I


PALAIS DES VIZEKÖNIGS.


*Der Vizekönig von Jahoo und sein Staatsrat Missena sitzen
übernächtig im Zimmer des Vizekönigs vor Zeitungen und
Sektflaschen. Mit einem großen Rotstift streicht der Staatsrat
dem Vizekönig bestimmte unangenehme Stellen in den Zeitungen an. Nebenan im Vorzimmer sitzt ein zerlumpter
Schreiber neben einer Kerze, und mit dem Rücken zum Zuschauer steht ein Mann.*


DER VIZEKÖNIG
  Genug, Missena.
  Der Morgen kommt und unser ganzes Forschen
  Mit hin und her und noch einmal von vorn
  Das Ganze durch ergab zu jeglicher Minute

Doch immer nur, was wir nicht wissen wollten
Und was, selbst wenn wir Monde rechneten
Doch stets herauskäm: völlige Zerrüttung
Des Staats. Zerfall.

MISSENA

              Sprecht das nicht aus!

DER VIZEKÖNIG

                         Bankrott.
Da scheinen stärkere Hände nötig als die meinen.
*Missena schweigt.*

DER VIZEKÖNIG *mit einem Blick auf die Zeitungen:*
Vielleicht sind ihre Zahlen falsch?

MISSENA

                So falsch nicht.

DER VIZEKÖNIG
Von Zeit zu Zeit les ich die Zeitung gern
Erfahr ich draus den Zustand meines Lands doch.

MISSENA
Der Überfluß ist's, Herr, der uns verzehrt.
Denn unser Land Jahoo lebt durch Getreide
Und stirbt auch durch Getreide. Und jetzt stirbt's.
Und am Zuviel stirbt's. Denn in solchem Unmaß
Trug unser Acker Korn, daß den Beschenkten
Dieses Geschenk begrub. Der Preis sank so
Daß er die Fracht nicht aufwiegt. Das Getreide
Bringt nicht soviel ein, wie das Mähen kostet.
Gegen die Menschen wuchs das Korn herauf.
Der Überfluß erzeugte Not. Die Pächter
Verweigerten die Pacht. In seinem Grundgefüg
Wankte der Staat. Die Pachtherren kommen schreiend
Der Staat soll ihre Pacht eintreiben! Sie zeigen
Die Pachtverträge. Und im Süden des Lands
Sammeln die Pächter sich um eine Fahne
Auf der groß eine Sichel steht: das Zeichen
Des Bauernaufstands. Und der Staat zerfällt.

*Der Vizekönig seufzt. Eine Saite ist in ihm zum Erklingen
gebracht worden: er ist selber Gutsbesitzer.*

DER VIZEKÖNIG

Wenn wir die Bahnen noch verpfändeten?

MISSENA

Sie sind's. Und zweimal.

DER VIZEKÖNIG

Und die Zölle?

MISSENA

Sind's auch.

DER VIZEKÖNIG

Die Großen Fünf? Vielleicht gewähren die
Uns eine Anleih, die uns weiterhilft?
Über ein Drittel allen guten Lands
Besitzen sie allein. Die könnten's.

MISSENA

Die könnten's.
Nur: sie verlangen, daß man erst den Aufruhr
Der Sichel bricht, der alle Pacht gefährdet.

DER VIZEKÖNIG

Das wäre freilich gut.

MISSENA

Die Großen Fünf
Sind gegen uns. Sie sind enttäuscht und wütend.
Wir sind ihnen zu lasch im Pachteintreiben.

DER VIZEKÖNIG

Sie setzen kein Vertrauen mehr in mich.

MISSENA

Nun, unter uns: Ihr selbst seid schließlich
Noch immer unser größter Pachtherr.
*Das Wort ist gefallen.*

DER VIZEKÖNIG *sich ereifernd:*          Ja!
Und ich könnt selbst mir nichts mehr anvertraun.
Als Pachtherr muß ich mir, dem Vizekönig
Heut sagen: Freund, dir keinen Peso mehr!

MISSENA

Es gäb wohl eine Lösung, aber die
Ist blutig und gefährlich auch . . .

DER VIZEKÖNIG

Nicht das!
Sprich das nicht aus!

MISSENA

Hier hört uns niemand. Krieg
Könnt neue Märkte schaffen für dies schreckliche
Zuviel an Korn und manche Fundgrub bringen
Für das, was wir entbehren.

DER VIZEKÖNIG *ist ein einziges, großes Kopfschütteln:*
Krieg geht nicht.
Der erste Tank, der uns durch Luma rollte
Möcht einen solchen Aufruhr uns erregen, daß . . .

MISSENA

Der innre Feind ist's, der uns daran hindert
Den äußern uns zu langen. Welch ein Zustand!
Was einen Stahlhelm trägt, muß sich verkriechen
Als wär's Geschmeiß! Ein General kann schon
Bei Tage nicht mehr auf die Straße! So als
Wär er ein Mörder, wird er angesehn.
Gäb's diese Sichel nicht, wär alles anders.

DER VIZEKÖNIG

Es gibt sie aber.

MISSENA

Man kann sie zerbrechen.

DER VIZEKÖNIG

Wer kann das, wer? Denn ich kann's nicht. Ach du
Fändst du da einen, der das könnt, ich schriebe
Dir gleich die Vollmacht aus für den.

MISSENA

Ich wüßte
Wohl einen, der es könnt.

DER VIZEKÖNIG *stark:*

Den will ich nicht.

Dies ein für allemal, den will ich nicht.

*Schweigen.*

Du übertreibst die Wichtigkeit der Sichel!

MISSENA

Ich fürcht, ich kränkte Euch. Vielleicht, Ihr wünscht

Allein zu sein. Vielleicht, Ihr kommt allein

Auf einen Einfall, der die Rettung bringt.

DER VIZEKÖNIG

Auf morgen denn . . .

MISSENA *verabschiedet sich:*

Ich hoff, ich kränkt Euch nicht.

*Zum Zuschauer:*

Zeigt ihm den Teufel noch nicht sein Verstand

Dann mal ich ihm den Teufel an die Wand!

*An der Tür bleibt er stehen. Mit einem Rotstift malt er plötzlich hastig etwas an die Wand.*

Halt, was ist das?

DER VIZEKÖNIG

Was gibt's?

MISSENA

Ach, nichts.

DER VIZEKÖNIG

Warum

Bist du erschrocken?

MISSENA

Ich erschrocken?

DER VIZEKÖNIG

Ja.

Du bist erschrocken.

*Er steht auf.*

MISSENA

Kommt nicht hierher. Hier

Ist nichts.

*Der Vizekönig geht auf ihn zu.*

DER VIZEKÖNIG

Tritt auf die Seite!

*Er holt vom Tisch eine Lampe.*

MISSENA

Herr, ich weiß nicht
Wie dieses Zeichen hierher kommen konnt!

*Der Vizekönig sieht erschüttert eine große Sichel an der Wand.*

DER VIZEKÖNIG

So weit ist's also schon. Selbst hier gibt's Hände...

*Pause.*

Ich träte gern ins Dunkel einige Zeit
Um manches zu bedenken...

*Plötzlich:*

Ich schreib eine Vollmacht.

MISSENA

Das dürft Ihr nicht!

*Pause.*

Für wen?

DER VIZEKÖNIG

So darf ich doch?

Schön. Also wer?

MISSENA

's müßt einer sein, der erst uns
Die Pächter duckt. Solang die Sichel steht
Gibt's keinen Krieg. Nun ist zwar diese Sichel
Der reine Abschaum, der nichts zahlen will.
Der kleine Kaufmann, Handwerker, Beamte
Mit einem Wort: der Durchschnitt meint jedoch
Daß uns der Pächter nichts mehr zahlen kann.
Man ist für den Besitz, doch zögert man
Dem blassen Hunger ins Gesicht zu treten.
Drum kann den Aufruhr dieser Pächter uns
Bekämpfen nur ein unverbrauchter Mann

Der nur auf den Bestand des Staats bedacht ist
Uneigennützig – wenigstens als so bekannt.
Es gibt nur einen . . .

DER VIZEKÖNIG *übellaunisch:*

                  Sag schon: Iberin.

MISSENA

Der selbst dem Mittelstand entstammt, so weder
Pachtherr noch Pächter ist, nicht reich, doch auch
Nicht grade arm. Drum ist er einfach gegen
Den Kampf der armen und der reichen Klasse.
Reichen wie Armen wirft er Habsucht vor
Niedrigen Materialismus. Er verlangt
Gerechtigkeit und Strenge gegen Arme
Und gegen Reiche. Denn für ihn ist unser
Zusammenbruch ein seelischer.

DER VIZEKÖNIG

               So. Ein seelischer.

Und der da?
*Er macht die Gebärde des Geldzählens.*

MISSENA

         Kommt von jenem.

DER VIZEKÖNIG

                 Schön. Und jener?
Woher kommt der? Was ist der Grund für den?

MISSENA

Herr, dieser Grund ist eben unseres Iberins
Große Entdeckung!

DER VIZEKÖNIG

           Ei des Kolumbus?

MISSENA

                  Ja!
Und zwar ist dieser Grund zweibeinig.

DER VIZEKÖNIG

                 Wie?

MISSENA

Zweibeinig. Dieser Iberin weiß: das Volk
Nicht sehr geübt in Abstraktion, durch Not
Auch ungeduldig, sucht die Schuld für solchen
Zusammenbruch als ein gewohntes Wesen
Mit Mund und Ohr und auf zwei Beinen laufend
Und auf der Straße jedermann begegnend.

DER VIZEKÖNIG

Und einen solchen hat der Mann entdeckt?

MISSENA

Hat er entdeckt.

DER VIZEKÖNIG

Und wir sind's nicht?

MISSENA

Durchaus nicht.

Er hat entdeckt: in diesem Land Jahoo
Gibt es zwei Völkerstämme, die's bewohnen
Die voneinander ganz verschieden sind
Auch äußerlich, durch ihre Schädelform:
Rund ist der einen Kopf und spitz der andern
Und jedem Kopf entspricht ein andrer Geist:
Dem platten platte Ehrlichkeit und Treue
Dem spitzen ein spitzfindig Wesen, auch
List und Berechnung, Neigung zu Betrug.
Den einen Stamm, den mit dem runden Kopf
Nennt Iberin Tschuch und sagt von ihm, er sei
Der Scholl' Jahoos von Anbeginn verwachsen
Und guten Bluts.
Der andere, am spitzen Kopf erkennbar
Ist fremdes Element, hat sich ins Land gedrängt
Selbst ohne Heimat, und wird Tschich genannt.
Der tschichische Geist nun ist's, nach Iberin, der
An allem Unglück dieses Lands die Schuld trägt.
Dies, Herr, ist Iberins große Entdeckung.

DER VIZEKÖNIG

Sie ist sehr lustig. Doch was will er damit?

MISSENA

Er setzt an Stell des Kampfs von arm und reich
Den Kampf der Tschuchen gegen die Tschichen.

DER VIZEKÖNIG

                                                Hm.

Das ist nicht schlecht, wie?

MISSENA

                         's ist Gerechtigkeit
Die er erstrebt, so gegen arm und reich.
Auch gegen die Reichen will er vorgehn, wenn
Da Übergriffe sind: die nennt er tschichisch.

DER VIZEKÖNIG

Die nennt er tschichisch . . . Was ist mit der Pacht?

MISSENA

Von solchen Dingen spricht er nicht. Und wenn
Dann undeutlich. Doch ist er für Besitz.
Er spricht von »tschuchischer Freude am Besitz«.
*Der Vizekönig lächelt. Auch Missena lächelt.*

DER VIZEKÖNIG

Der Mann ist gut! Die Übergriffe – tschichisch
Die Griffe – tschuchisch. Wer steht hinter ihm?

MISSENA

Hauptsächlich stehn die Mittelständler hinter ihm
Der kleine Kaufmann, Handwerker, Beamte
Die ärmeren Leute mit der höheren Bildung
Die Kleinrentner. Kurz: der verarmte Mittelstand.
Das sammelt er in seinem Iberinbund
Der übrigens ganz gut bewaffnet sein soll.
Wenn einer uns die Sichel zerbricht, ist's der.

DER VIZEKÖNIG

Doch müßt das Heer ganz aus dem Spiel mir bleiben.
Stahlhelm und Tank sind nicht beliebt.

MISSENA

                              Das Heer
Ist für Herrn Iberin nicht nötig.

DER VIZEKÖNIG

                              Gut.
Ich schreib dir eine Vollmacht aus für ihn.
Die Nacht vergeht, der Himmel färbt sich schon.
's ist recht; ich will's mit ihm versuchen. Soll er
Sein Bestes tun, der Mann. Du kannst ihn rufen.

MISSENA *klingelt:*
Der Mann ist hier. Seit sieben Stunden wartet
Er schon im Vorraum.

DER VIZEKÖNIG *doch noch getroffen:*
                              Freilich, ich vergaß:
Du bist sehr tüchtig. Halt! Die Großen Fünf!
Sind sie für ihn? Sonst ist es Essig mit ihm.

MISSENA
Er wurd von einem hergebracht, der ihn
Auch heimlich finanziert.

DER VIZEKÖNIG *die Vollmacht unterschreibend, Hut auf, Mantel an, Stock im Arm:*
                              Ich aber will dann
Für einige Zeit dies alles abtun und
Nur ein paar Reiseschecks als Wegzehrung bei mir
Und ein paar Bücher, die ich lange gern
Einmal gelesen hätt, mich wegbegeben von hier
Auch ohne Ziel. Mich mischend ins Gewühl
Der buntbewegten Straßen, sehend des Lebens
Erstaunlich Schauspiel. So auf irgendeiner Treppe
Gelassen sitzend, werd ich dieses Mondes
Lautlosen Wechsel sehn.

MISSENA
                              Das wird die Zeit sein, wo
Die Sichel Luma stürmt, wenn nicht ...

*Mit großer Geste auf die Tür weisend.*

Herr Iberin!

*Der wartende Mann im Vorzimmer hat sich, vom zerlumpten Schreiber aufmerksam gemacht, erhoben. In die Tür tretend, verneigt er sich tief.*


2


GASSE DER ALTSTADT


*Aus dem Kaffeehaus der Frau Cornamontis hängen Mädchen eine große weiße Fahne heraus, auf der der Kopf des Iberin aufgedruckt ist. Unten steht Frau Cornamontis und dirigiert das Aufhängen. Bei ihr stehen ein Polizeiinspektor und ein Gerichtsschreiber, beide barfuß und zerlumpt. Ein Viktualienladen links ist durch Rolläden geschlossen. Vor dem Tabakladen steht der Tabakhändler Palmosa, die Zeitung lesend. In einem Fenster dieses Hauses sieht man einen Mann sich rasieren, es ist der Hausbesitzer Callamassi. Vor einem Viktualienladen rechts stehen eine dicke Frau und ein Soldat der Iberinmiliz mit weißer Binde und großem Strohhut, bis an die Zähne bewaffnet. Alle sehen dem Heraushängen der Fahne zu. Aus der Ferne hört man undeutlich den Marschtritt vorüberziehender Truppen sowie Zeitungsausrufer: »Kauft den Aufruf des neuen Statthalters!«*

FRAU CORNAMONTIS Schieb die Fahnenstange weiter heraus, daß sich der Wind im Tuch fangen kann. Und jetzt mehr der Seite zu!
*Durch große Gesten gibt sie an, wie die Fahne hängen soll.*

NANNA Mal nach links, mal nach rechts, aber ganz wie Sie wollen!

DER INSPEKTOR Frau Cornamontis, wie denken Sie als Geschäftsfrau über den neuen Kurs?

FRAU CORNAMONTIS Meine Fahne wird eben herausgehängt, das sagt doch genug. Und verlassen Sie sich darauf, daß ich in meinem Haus kein tschichisches Mädchen mehr beschäftigen werde.

*Sie setzt sich auf einen Strohstuhl vor ihrem Haus und liest wie alle andern die Zeitung.*

DER HAUSBESITZER CALLAMASSI *der Mann, der sich im Fenster rasiert:* Der heutige Tag, der elfte September, geht in die Geschichte ein! *Er blickt auf seine Fahne.* Sie hat ein schönes Stück Geld gekostet.

DER TABAKHÄNDLER PALMOSA Wird es nun Krieg geben? Mein Gabriele ist gerade zwanzig geworden.

DER IBERINSOLDAT Wo denken Sie hin? Kein Mensch will Krieg. Herr Iberin ist ein Freund des Friedens, wie er ein Freund des Volkes ist. Bereits heute früh wurde alles, was zum Heer gehört, aus der Stadt gezogen. Herr Iberin verlangte das ausdrücklich. Sehen Sie irgendwo einen Stahlhelm? Die Straße wurde vollständig uns, den Iberinsoldaten, überlassen.

DER TABAKHÄNDLER PALMOSA Ich lese auch eben in der Zeitung, Iberin, welcher ein großer Freund des Volkes sei, habe die Macht nur ergriffen, um der zunehmenden Bedrückung der ärmeren Schichten der Bevölkerung Einhalt zu gebieten.

DER IBERINSOLDAT Ja, das ist die Wahrheit.

EINE DICKE FRAU *die Besitzerin des Viktualienladens rechts:* Dann muß er aber erst einmal dafür sorgen, daß in einer so kleinen Straße nicht zwei Lebensmittelgeschäfte nebeneinander liegen, wo kaum eines bestehen kann. Das Geschäft dort drüben ist meiner Meinung nach vollständig überflüssig.

DER SCHREIBER Herr Inspektor, wenn die neue Regierung wieder keine Linderung für uns Beamte bringt, traue ich mich am nächsten Ersten nicht mehr nach Hause.

DER INSPEKTOR Mein Gummiknüppel ist schon so brüchig, daß er an einem Spitzkopf zerschellen würde. Meine Signalpfeife, womit ich meine Leute herbeirufen muß, wenn ich in Bedrängnis bin, ist seit Monaten durchgerostet. *Er versucht zu pfeifen.* Hören Sie einen Ton?

DER SCHREIBER *schüttelt den Kopf:* Ich habe gestern aus dem Kübel eines Tünchers bei dem Neubau drüben Kalk entwenden müssen, um meinen Stehkragen zu weißnen. Glauben Sie wirklich, Herr Inspektor, daß wir am Ersten unsere Gehälter bekommen?

DER INSPEKTOR Das glaube ich so bestimmt, daß ich mir daraufhin heute morgen eine Zigarre genehmigen werde bei Herrn Palmosa.

*Beide gehen in den Tabakladen hinein.*

DER HAUSBESITZER CALLAMASSI *zeigt auf den Inspektor und den Schreiber:* Das größte Glück wird sein, wenn jetzt endlich die Beamten abgebaut werden. Es gibt zu viele und sie werden zu hoch bezahlt.

FRAU CORNAMONTIS Das müssen Sie Ihrem Mieter sagen, daß Sie seine letzten Kunden abbauen wollen!

DER IBERINSOLDAT Was sagen Sie zu meinen neuen Stiefeln? Solche bekommt jetzt jeder! *Liest dem Hausbesitzer und der dicken Frau vor:* Schon die Art, wie Iberin die Macht ergriff, zeigt den ganzen Mann. Mitten in der Nacht, als im Regierungsgebäude alles schläft, dringt er mit einer Handvoll todesmutiger Männer dort ein und verlangt mit vorgehaltener Pistole, den Vizekönig zu sprechen. Er soll ihn nach kurzem Wortwechsel einfach abgesetzt haben. Der Vizekönig soll schon auf der Flucht sein.

DIE DICKE FRAU Dann ist es aber doch mehr als merkwürdig, daß es in dieser Straße, wo alle Häuser geflaggt haben, ein Haus gibt, wo man es nicht für der Mühe wert hält zu flaggen. *Sie zeigt auf den Viktualienladen gegenüber.*

DER IBERINSOLDAT *erstaunt:* Tatsächlich, er flaggt nicht.
*Er sieht alle der Reihe nach an. Alle schütteln den Kopf.*

DER IBERINSOLDAT Da kann man vielleicht nachhelfen, wie?

DIE DICKE FRAU Der Mann hat es ja auch nicht nötig! Er ist ja auch ein Tschiche!

DER IBERINSOLDAT Dann ist es aber wirklich der Gipfel der Frechheit. Also, Frau Tomaso, dem Schweinekerl werden wir beibringen, wie man den Regierungsantritt Iberins feiert. Da sind schon meine Kollegen. Das sind die Huas, die gefürchtete Hutabschlägerstaffel des blutigen Zazarante, Lagerkommandanten von Heilig Kreuz. Keine Furcht! Sie schauen unter die Hüte, aber wenn sie da keinen Spitzkopf entdecken, sind es die besten Menschen.
*Man hört schreien: »Hut ab! Kopfkontrolle!« Hinten in der Straße tauchen die drei Hutabschläger – die »Huas« – auf. Sie hauen einem Passanten den Hut vom Kopf.*

ERSTER HUA Mein Herr, der Hut ist Ihnen heruntergefallen.

ZWEITER HUA Starker Wind heute, was?

DER PASSANT Entschuldigen Sie!

DIE DREI HUAS Keine Ursache!

DIE DICKE FRAU Meine Herren! Herr Kopfkontrollör! Wenn Sie einen echten Spitzkopf, aber schon einen ganz spitzigen, sehen wollen, dann klopfen Sie mal bei dem Viktualienladen dort drüben an!

DER IBERINSOLDAT *meldet:* Tschichischer Viktualienhändler. Zeigt seine Mißachtung der Iberinregierung durch demonstratives Nichtflaggen.
*Aus dem Viktualienladen tritt bleich ein Spitzkopf mit einer Leiter und einer Fahne. Alle sehen ihn an.*

ERSTER HUA Ich traue meinen Augen nicht. Er flaggt!

ZWEITER HUA Die Iberinflagge in den schmierigen Pfoten eines Vollbluttschichen!
*Der Hua sieht alle der Reihe nach an. Sie schütteln den Kopf.*

DER IBERINSOLDAT Das ist der Gipfel der Frechheit!

*Die drei gehen auf den Spitzkopf zu.*

DRITTER HUA Sautschich! Du gehst sofort hinein und holst deinen Hut! Meinst du, wir wollen deinen Spitzkopf sehen?

DIE DICKE FRAU Der Tschich glaubt wohl, der Iberin ist für die Tschichen! Wenn der eine Fahne heraushängt, so will er doch damit sagen, daß er sich freut, daß der Iberin an die Regierung gekommen ist. Das bedeutet doch ganz sonnenklar, daß er die Regierung beleidigt, indem er sagt, daß sie für die Tschichen ist.

*Der Spitzkopf wendet sich, seinen Hut zu holen.*

ERSTER HUA *auf ihn deutend:* Fluchtversuch!

*Sie schlagen auf ihn ein und schleppen ihn weg.*

ERSTER HUA Widerstand leistet er auch noch. Ich hau ihm ins Auge, und er hebt den Arm. Das muß ich doch als Absicht zur Widersetzlichkeit auffassen!

ZWEITER HUA *während er immerfort auf den Spitzkopf einprügelt:* Der kommt in den Schutzkamp. Da schützen wir solche Elemente vor unserer gerechten Empörung.

DIE DICKE FRAU Heil Iberin!

*Der dritte Hua hängt an dem Viktualienladen links ein Plakat »Tschichisches Geschäft« auf.*

DRITTER HUA *zu der dicken Frau, während er ein Plakat aus der Tasche zieht:* Liebe Frau und Volksgenossin, Sie sehen, daß man in diesen Zeiten gut tut, es schwarz auf weiß zu haben, wo man rassenmäßig steht. Das Plakat kostet dreißig Pesos. Aber das Geld verzinst sich mit dreihundert Prozent, das kann ich Ihnen versichern!

DIE DICKE FRAU Geht es nicht für zehn? Ich verkaufe doch nichts.

DER IBERINSOLDAT *drohend:* Es gibt auch Leute, die den Spitzkopf im Herzen haben!

DIE DICKE FRAU Geben Sie her! *Sie zahlt aufgeregt.* Können Sie auf fünfzig herausgeben? *Sie hängt das Plakat »Tschuchisches Geschäft« auf.*

DRITTER HUA  Jawohl. Zwanzig Pesos zurück. Treu im Kleinen. *Aber er geht weg, ohne zurückzugeben.*

DIE DICKE FRAU  Er hat überhaupt nicht herausgegeben! *Der Iberinsoldat sieht sie drohend an.* Wenigstens mußte der Tschiche dort drüben heraus! Vor zwei Wochen hat er noch gesagt, der Iberin werde das Kraut auch nicht fett machen.

FRAU CORNAMONTIS  Das ist ein echt tschichischer Standpunkt! Eine Nation wacht auf, und er redet von Krautfettmachen.

DER IBERINSOLDAT  Der Tschiche ist eben von niedrigem Materialismus beherrscht. Nur nach seinem Vorteil strebend, verleugnet er sein Vaterland, in das er überhaupt nicht hineingehört. Der Tschiche kennt keinen Vater und keine Mutter. Das kommt vielleicht daher, daß er keinen Humor hat. Sie haben es eben gesehen. Da der Tschiche von krankhafter Sinnlichkeit besessen ist, ist er andrerseits ganz hemmungslos. Dabei steht ihm nur sein Geiz im Wege, eben der tschichische Materialismus, Sie verstehen.

DER TABAKHÄNDLER PALMOSA  *ruft in den ersten Stock hinauf zu dem Mann, der sich im Fenster rasiert, dem Hauswirt Callamassi:* Mit dem Materialismus ist es jetzt aus! Herr Callamassi, Sie sind sich wohl darüber klar, daß es mit dem Zahlen von Ladenmieten jetzt vorbei sein muß?

DER IBERINSOLDAT  Sehr richtig!

DER HAUSBESITZER CALLAMASSI  Im Gegenteil, mein Lieber! Die Ladenmieten werden in Zukunft pfändbar sein. Hören Sie den Marschtritt der Bataillone? Das sind die Kampfstaffeln des Iberinbundes. Sie marschieren, um die aufständischen Pächter, die ihre Pachten nicht zahlen wollen, niederzuwerfen! Überlegen Sie sich das, Herr Palmosa, der Sie Ihre Ladenmiete nicht bezahlen wollen!

DER IBERINSOLDAT  So ist es.

DER TABAKHÄNDLER PALMOSA  Sie haben wohl vergessen, Herr Callamassi, daß mit diesen Truppen mein Sohn marschiert! *Zu der dicken Frau:* Ich sagte zu ihm heute morgen, als er sich von mir verabschiedete, um nach dem Süden zu marschieren: Mein Sohn, bring mir eine erbeutete Sichelfahne, und ich werde dir das Rauchen erlauben! Die Bankiers, heißt es, werden die Schulden der bis gestern noch ruinierten Handwerker und Ladeninhaber übernehmen und neue Kredite bewilligen, besonders an die schlechtgehenden Unternehmungen.

DER IBERINSOLDAT Hoch Iberin!

DIE DICKE FRAU *zu ihrer Hausbesitzerin, Frau Cornamontis:* Haben Sie gehört, die Mieten sollen jetzt gesenkt werden!

DER IBERINSOLDAT Ja, das ist richtig.

FRAU CORNAMONTIS Nein, meine Liebe, ich habe gehört, sie sollen erhöht werden.

DER IBERINSOLDAT Ja, das stimmt auch.

DIE DICKE FRAU Das kann nicht stimmen. Höchstens die der Tschichen. Ich jedenfalls zahle Ihnen so bald keine Miete mehr.

FRAU CORNAMONTIS Sehr bald, Frau Tomaso, sehr bald! Und zwar eine höhere! *Zu dem Iberinsoldaten:* Diese einfachen Leute haben von Politik keine Ahnung.

DIE DICKE FRAU Noch höhere Mieten?

DER IBERINSOLDAT *unterbrechend:* Für heute sollen noch große Tschichenverfolgungen angesetzt sein. *Liest aus der Zeitung vor:* Iberin sagt ausdrücklich, das einzige Ziel ist: Ausrottung der Spitzköpfe, wo immer sie nisten!

*Der Marschtritt der Truppen hinten wird stärker. Man hört Singen.*

DER IBERINSOLDAT Achtung! Iberin-Choral! Alles mitsingen! Spontan!

*Alle singen, dirigiert vom Iberinsoldaten.*

1
Bittet den Iberin, daß er die Mieten uns senke!
Und sie zugleich
Auch noch erhöh in sein'm Reich
So auch des Hauswirts gedenke!


2
Mög er dem Landvolk den höheren Brotpreis bewilligen!
Aber zugleich
Mög er uns Städtern im Reich
Doch auch das Brot recht verbilligen!


3
Mög er dem Kleinhandel helfen aus drückenden Schulden!
Aber zugleich
Mög er für die, so nicht reich
Doch auch das Warenhaus dulden!


4
Lobet den Führer, den jeder durch Mark und durch Bein
            spürt!
Dort ist der Sumpf
Und hier erwarten wir dumpf
Daß uns ein Führer hineinführt!


FRAU CORNAMONTIS *zum Iberinsoldaten:* Kommen Sie unsere
ruhmreichen Kämpfer ansehen, welche dieses Holzschuh-
volk mit seiner Sichel ausrotten werden!
*Sie und der Iberinsoldat ab.*

DIE DICKE FRAU UND DER TABAKHÄNDLER PALMOSA *gleichzeitig:*
Ich kann doch das Geschäft nicht im Stich lassen; gesetzt, da
kommt ein Kunde.
*Sie kehren in ihre Läden zurück.*

NANNA CALLAS *kommt mit einem Brief in der Hand aus dem Kaffeehaus der Frau Cornamontis:* Eben ging der Herr de Guzman die Straße hinunter. Er macht seinen Spaziergang vor dem Essen und muß sofort zurückkommen. Ich muß mit ihm sprechen. Meine Mutter schreibt mir, daß mein Vater, der Pächter, weil er die Pacht wieder nicht bezahlen kann, auf unrechte Wege gerät. Er hat sich schon dem Bund der Sichelfahnen angeschlossen, der einen gewaltsamen Aufstand aller Bauern plant. Da will ich lieber bei Herrn de Guzman um Pachterlaß nachsuchen! Hoffentlich empfindet er für mich noch genug, um meiner Bitte Gehör zu schenken. Es sind jetzt fast drei Jahre her, daß ich ihm näherstand. Er war mein erster Liebhaber und eigentlich der Anlaß, daß ich, eine einfache Pächterstochter, in das gutgehende Haus der Frau Cornamontis kam. Meine Familie hatte damals so manchen Vorteil von ihm. Daß ich ihn jetzt wieder um etwas bitten soll, ist mir nicht angenehm. Aber so etwas geht ja schnell vorüber. *Sie singt:*

**NANNAS LIED**

I
Meine Herren, mit siebzehn Jahren
Kam ich auf den Liebesmarkt
Und ich habe viel erfahren.
Böses gab es viel
Doch das war das Spiel.
Aber manches hab ich doch verargt.
(Schließlich bin ich ja auch ein Mensch.)
   Gott sei Dank geht alles schnell vorüber
   Auch die Liebe und der Kummer sogar.
   Wo sind die Tränen von gestern abend?
   Wo ist der Schnee vom vergangenen Jahr?

**2**

Freilich geht man mit den Jahren
Leichter auf den Liebesmarkt
Und umarmt sie dort in Scharen.
Aber das Gefühl
Wird erstaunlich kühl
Wenn man damit allzuwenig kargt.
(Schließlich geht ja jeder Vorrat zu Ende.)
 Gott sei Dank geht alles schnell vorüber
 Auch die Liebe und der Kummer sogar.
 Wo sind die Tränen von gestern abend?
 Wo ist der Schnee vom vergangenen Jahr?


**3**

Und auch wenn man gut das Handeln
Lernte auf der Liebesmess':
Lust in Kleingeld zu verwandeln
Wird doch niemals leicht.
Nun, es wird erreicht.
Doch man wird auch älter unterdes.
(Schließlich bleibt man ja nicht immer siebzehn.)
 Gott sei Dank geht alles schnell vorüber
 Auch die Liebe und der Kummer sogar.
 Wo sind die Tränen von gestern abend?
 Wo ist der Schnee vom vergangenen Jahr?


NANNA Da kommt er. Leider sind drei Herren bei ihm, unter
ihnen der reiche Herr Peruiner. Ich kann ihn kaum ansprechen.
*Sie winkt Herrn de Guzman, der auf sie zutritt. Seine drei
Freunde bleiben wartend stehen.*

HERR DE GUZMAN Guten Tag, Nanna.

NANNA Ich muß Ihnen etwas sagen. Treten Sie hier in den
Hauseingang. *Es geschieht.* Mein Vater schreibt mir, daß er
die Pacht wieder nicht zahlen kann.

HERR DE GUZMAN  Leider ist es diesmal nötig. Meine Schwester tritt in das Kloster San Barabas ein und braucht ihre Mitgift.

NANNA  Sie werden doch nicht wollen, daß deswegen meine Eltern hungern.

HERR DE GUZMAN  Liebe Nanna, meine Schwester ist im Begriffe, sich bei den Bedürftigen Schwestern von San Barabas einem jungfräulichen Leben zu weihen. Das sollten auch Sie achten. Denn wenn es auch nicht nötig ist, daß alle Mädchen keusch leben, so ist es doch nötig, daß sie hoch davon denken.

NANNA  Wenn ihr dem jungen Ding einen Liebhaber und nicht einen Titelhalter zum Mann geben würdet, dächte sie nicht daran, ins Kloster zu gehen. Aber ihr verheiratet ja nicht Menschen, sondern Landgüter.

HERR DE GUZMAN  Du hast dich sehr zum Schlechteren verändert, Nanna; ich erkenne dich nicht wieder.

NANNA  Dann hat es wohl auch keinen Wert, Ihnen zu sagen, daß meine Leute schon darum keine Pacht mehr zahlen können, weil sie unbedingt endlich einen Gaul brauchen, da das Dorf zu weit von der Bahnstation entfernt liegt.

HERR DE GUZMAN  Sie können sich einen Gaul vom Gutshof ausleihen.

NANNA  Aber dann kostet er Geld.

HERR DE GUZMAN  So ist es auf der Welt, mich kostet mein Gaul auch Geld.

NANNA  Du liebst mich also gar nicht mehr, Emanuele!

HERR DE GUZMAN  Das hat mit uns beiden nichts zu tun. Ich werde dich heute nachmittag besuchen. Dann wirst du schon sehen, daß meine Gefühle für dich unverändert sind.

NANNA  Bleiben Sie noch einen Augenblick hier. Es kommen Leute, die Sie als Tschichen belästigen könnten.

*Die drei Huas kommen wieder die Straße herunter.*

ERSTER HUA  Immer ist man, wohin man auch trat, auf einen Tschichen getreten. Jetzt auf einmal ist weit und breit keiner mehr zu sehen.

ZWEITER HUA  Nur die Hoffnung nicht sinken lassen!

NANNA  Wenn ich es mir richtig bedenke, Emanuele, so hast du mich immer wie ein Handtuch benützt. Du könntest dir ruhig einen Stoß geben und bezahlen, was du an mir verübt hast!

HERR DE GUZMAN  Um Gottes willen, sei still!

NANNA  Du willst also nicht bezahlen?

DRITTER HUA  Ich höre etwas.

NANNA  Wenn ich mich jetzt an diese Herren wenden würde, würden sie mir sicher recht geben. Es ist nichts Unbilliges, was ich fordere.

ERSTER HUA  Da spricht doch jemand?

NANNA  *laut:* Meine Herren, sagen Sie selbst, kann ein armes Mädchen erwarten, daß der Mann, der sie auf die schiefe Bahn gebracht hat, sich erkenntlich zeigt? Oder kann sie das nicht?

HERR DE GUZMAN  Ich muß mich über dich wundern, Nanna!

NANNA  Das hätten Sie nicht nötig gehabt.

*Die drei Huas treten heran.*

ERSTER HUA  Das ist ein feiner Herr, schaut mal her, was der für eine Schale anhat!

ZWEITER HUA  Ihr Hut gefällt mir, Herr, so einen möcht ich auch kaufen. Zeigen Sie mir den mal i n n e n, damit ich die Firma sehen kann.

*Er schlägt ihm den Hut ab und zeigt auf de Guzmans Spitzkopf. Die drei Huas erheben ein tierisches Gebrüll.*

DIE DREI HUAS  Ein Tschich!

ERSTER HUA  Haut ihn auf seinen Spitzkopf! Obacht, daß er nicht wegläuft!

DER REICHE HERR SAZ  Wir müssen eingreifen, unser Freund de Guzman hat Schwierigkeiten.

DER REICHE HERR PERUINER  *hält ihn zurück:* Erregen Sie kein Aufsehen! Ich bin selber Tschiche!

*Die drei reichen Pachtherren gehen eilig weg.*

DRITTER HUA  War's mir doch gleich, als ob's hier nach einem Tschichen gerochen hätte.

ZWEITER HUA  Ein Tschich! Der muß vors Gericht!
*Zwei Huas schleifen Herrn de Guzman weg. Der dritte
bleibt bei Nanna stehen.*

DRITTER HUA  Sagten Sie nicht etwas von Geld, das er Ihnen
schuldet, Fräulein?

NANNA *mürrisch:* Ja, er will nicht bezahlen.

DRITTER HUA  So sind diese Tschichen!
*Der dritte Hua ab. Nanna geht langsam in das Kaffeehaus
der Frau Cornamontis. Auf den Lärm hin ist wieder der
Hauswirt Callamassi im Fenster und die dicke Frau in der
Ladentür aufgetaucht. Auch der Tabakhändler ist wieder
unter die Tür getreten.*

DER HAUSBESITZER CALLAMASSI  Was ist denn los?

DIE DICKE FRAU  Sie haben eben einen offenbar sehr wohl-
habenden tschichischen Herrn erwischt, wie er eine der
Kellnerinnen der Frau Cornamontis angesprochen hat.

DER TABAKHÄNDLER PALMOSA  Ja, ist denn das jetzt verboten?

DIE DICKE FRAU  Sie sagten, es sei ein tschuchisches Mädchen.
Der Herr soll einer der Großen Fünf sein.

DER HAUSBESITZER CALLAMASSI  Was Sie nicht sagen!

DER TABAKHÄNDLER PALMOSA  *in seinen Laden zurückkehrend:*
Herr Inspektor! Hier ist einer der Großen Fünf überfallen
und weggeschleppt worden!

DER INSPEKTOR *mit dem Schreiber weggehend:* Das geht uns
von der Polizei nichts an.

DIE DICKE FRAU  Jetzt geht es den Reichen an den Kragen!

DER HAUSBESITZER CALLAMASSI  Meinen Sie?

DER TABAKHÄNDLER PALMOSA  Die Pachtherren werden nichts
zu lachen haben!

DER HAUSBESITZER CALLAMASSI  Aber gegen die Pächter, die die
Pacht nicht zahlen wollen, geht es auch!

DER TABAKHÄNDLER PALMOSA  In der Zeitung steht heute morgen: Jetzt beginnt eine neue Zeit!

# Zwischenspiel

*Auf einem großen Karton ist die Gasse der Altstadt aufgemalt.*
*Die Iberinsoldaten kommen gelaufen mit Töpfen und Botti-*
*chen voll Tünche. Mit lang- und kurzstieligen Bürsten streichen*
*sie die Sprünge und Risse der Häuser mit weißer Tünche zu.*

DAS LIED VON DER TÜNCHE

Ist wo etwas faul und rieselt's im Gemäuer
Dann ist's nötig, daß man etwas tut
Und die Fäulnis wächst ganz ungeheuer.
Wenn das einer sieht, das ist nicht gut.
Da ist Tünche nötig, frische Tünche nötig!
Wenn der Saustall einfällt, ist's zu spät!
Gebt uns Tünche, dann sind wir erbötig
Alles so zu machen, daß es noch mal geht.
Da ist schon wieder ein neuer
Häßlicher Fleck am Gemäuer!
Das ist nicht gut. (Gar nicht gut.)
Da sind neue Risse!
Lauter Hindernisse!
Da ist's nötig, daß man noch mehr tut!
Wenn's doch endlich aufwärtsginge!
Diese fürchterlichen Sprünge
Sind nicht gut! (Gar nicht gut.)
Drum ist Tünche nötig! Viele Tünche nötig!
Wenn der Saustall einfällt, ist's zu spät!
Gebt uns Tünche, und wir sind erbötig
Alles so zu machen, daß es noch mal geht.
Hier ist Tünche! Macht doch kein Geschrei!
Hier steht Tünche Tag und Nacht bereit.
Hier ist Tünche, da wird alles neu
Und dann habt ihr eure neue Zeit!

Kommst du mit fischen?
fragte der Fischer den Wurm.


AN EINEM DÖRFLICHEN ZIEHBRUNNEN


*Der rundköpfige Pächter Callas, seine Frau und seine Kinder
und der spitzköpfige Pächter Lopez, seine Frau und seine Kinder bei der Bewässerungsarbeit.*

DIE PÄCHTER CALLAS UND LOPEZ
   Wir schuften mit dem Schaum vorm Maul.
   Weil der Pachtherr uns keine Gäule gibt
   Ist jeder von uns sein eigener Gaul.
FRAU LOPEZ Horcht, jetzt gehen sie auch von unserem Dorf zur
   Sichel.
   *Man hört das Klappern vieler Holzschuhe. Ein rundköpfiger
   Pächter tritt auf mit zwei Gewehren unterm Arm.*
DER DRITTE PÄCHTER In der furchtbaren Lage, in der wir uns
   alle befinden, seit die Kornpreise so gefallen sind, haben wir
   Pächter Jahoos, alles, was in Holzschuhen läuft, uns in heim-
   lichen und in letzter Zeit offenen Versammlungen zusam-
   mengetan und beschlossen, zu den Waffen zu greifen und
   lieber unter der Sichelfahne zu kämpfen, als die Pacht wei-
   terzuzahlen. Es ist Zeit, Callas und Lopez, hier sind die Gewehre.
   *Er gibt ihnen die Gewehre und geht ab.*
DER PÄCHTER LOPEZ Du wolltest noch warten, Callas, ob nicht
   eine günstige Nachricht für dich aus der Stadt von deiner
   Tochter eintreffen würde.
DER PÄCHTER CALLAS Die Hilfe ist nicht eingetroffen und ich
   bin einverstanden, mit euch zu kämpfen.
DER PÄCHTER LOPEZ Gib mir die Hand, Callas, ihr, gebt euch
   die Hand, auch die Kinder! Es ist heute der elfte September,

ein Tag, den ihr euch merken müßt, denn an ihm greifen die Pächter zu den Waffen, um für alle Zeiten die Unterdrückung der Pachtherren abzuschütteln oder zu sterben. *Sie geben sich alle die Hand und singen das »Sichellied«.*

SICHELLIED

Bauer, steh auf!
Nimm deinen Lauf!
Laß es dich nicht verdrießen
Du wirst doch sterben müssen.
Niemand kann Hilf dir geben
Mußt selber dich erheben.
Nimm deinen Lauf!
Bauer, steh auf!

ALLE Immer für die Sichel!
*In diesem Augenblick beginnen die Glocken zu läuten.*
FRAU LOPEZ Horcht! Was sind das für Glocken?
FRAU CALLAS *schreit nach hinten:* Was ist los, Paolo?
STIMME *von hinten:* Soeben kommt die Nachricht aus der Stadt, daß eine volksfreundliche Regierung das Ruder ergriffen habe.
FRAU CALLAS Ich will hingehen und Genaueres in Erfahrung bringen.
*Sie geht weg. Die andern warten. Man hört vom Radio den »Aufruf des neuen Statthalters an die Landbevölkerung«.*
STIMME DES IBERIN
Tschuchisches Volk! Befallen ist seit langem
Dies Land Jahoo, ob arm, ob reich, von fremdem
Niedrigem Geist, der's zu vernichten droht:
Dem Geist der Habsucht und des Bruderzwists.
Tschuchisches Volk, das du im Elend lebst!
Bedrückt und ausgesaugt! Wer saugt dich aus?

Und wer bedrückt dich? Unter dir geht um
Ein schlimmer Feind, den du nicht kennst: der Tschiche!
An allem Elend dieses Landes trägt er
Allein die Schuld. Ihn mußt du drum bekämpfen.
Wie aber kennst du ihn heraus? Am Kopf!
Am spitzen Kopf erkennst du ihn! Der Spitzkopf
Ist's, der dich aussaugt! Und drum habe ich
Angelo Iberin, mich jetzt entschlossen, das Volk
Neu einzuteilen in Rund- und Spitzkopf und
Was tschuchisch ist, zu sammeln gegen alles
Was tschichisch ist! Und unter Tschuchen gibt's
Von heut an nicht mehr Zwist noch Habsucht! Tschuchen!
Eint unter Iberins weißer Fahne euch
Jetzt gegen euren Feind, den tschichischen Spitzkopf!
*Während dieses Aufrufs haben die Anwesenden mehr oder
minder offen an ihre Köpfe gelangt. Die rundköpfigen Kin-
der zeigen einander grinsend die Spitzköpfe.*

DER PÄCHTER LOPEZ Das sind wieder nur Worte! Sie erfinden
alle nasenlang etwas anderes. Ich will wissen, ob gegen die
Pachtherren vorgegangen wird, sonst gar nichts.

DER PÄCHTER CALLAS Das stimmt.

*Frau Callas ist zurückgekehrt. Sie sieht die Lopez nicht an
und gruppiert ihre Kinder enger um sich.*

DER PÄCHTER LOPEZ Gute Nachrichten, Frau Callas?

FRAU CALLAS Unser Pachtherr Herr de Guzman ist verhaftet!

DER PÄCHTER LOPEZ Warum?

DER PÄCHTER CALLAS Lopez, ich glaube, wir brauchen nicht
nach dem Warum zu fragen, weil das klar ist. Der Grund ist
Pachtwucher.

FRAU LOPEZ Frau Callas, dann sind wir gerettet.

DER PÄCHTER CALLAS Das klingt schon besser, wie, Lopez? Die
Zeiten des Elends, Kinder, haben ein Ende! *Er stellt sein Gewehr an den Ziehbrunnen.*

FRAU LOPEZ Das ist ein großer Tag!

FRAU CALLAS Freuen Sie sich nicht zu sehr, Frau Lopez! Leider sind die Nachrichten für Sie nicht so gut. Angelo Iberin ist ans Ruder gekommen, und ihr seid Tschichen! In der Hauptstadt sollen schon große Tschichenverfolgungen im Gange sein. Auch Herr de Guzman ist verhaftet worden, weil er Tschiche ist.

DER PÄCHTER LOPEZ Das sind schlechte Nachrichten und ein großes Unglück.

DER PÄCHTER CALLAS Ich finde nicht, daß es ein Unglück ist. Jedenfalls nicht für alle. Für uns ist es kein Unglück.

FRAU CALLAS Nur für Sie!

DER PÄCHTER CALLAS Für uns, die wir Tschuchen sind, ist diese Nachricht sogar sehr gut.

FRAU CALLAS In dieser Minute bewegt uns eine Hoffnung, die Sie, Herr Lopez, nicht verstehen können. Sie sind vielleicht eine andere Art Mensch, ich sage nicht, eine schlechtere.

DER PÄCHTER LOPEZ Bisher war dir mein Kopf nicht zu spitz, Callas.

*Callas schweigt. Die beiden Familien haben sich getrennt, auf der einen Seite stehen die Spitzköpfe, auf der anderen die Rundköpfe.*

DER PÄCHTER LOPEZ Unsere Abgaben waren gleich. Noch vor fünf Minuten wolltest du mit uns unter der Sichelfahne kämpfen, welche den Pachtzins abschaffen wird, was doch nur mit Gewalt geht. Nimm du das Gewehr, Frau.

*Frau Lopez nimmt zögernd das Gewehr an sich.*

DER PÄCHTER CALLAS Die Aussicht ist zu gering! Wenn es ginge, wäre es das beste. Aber es geht nicht.

DER PÄCHTER LOPEZ Warum davon reden, daß die Aussicht gering ist, wenn es die einzige ist, die es für uns gibt?

DER PÄCHTER CALLAS Vielleicht ist sie für mich nicht die einzige?

FRAU CALLAS Wir rechnen natürlich jetzt damit, daß die Pacht für uns wegfällt.

DER PÄCHTER LOPEZ Ich verstehe, was die kleinste Aussicht für dich bedeutet. Aber du wirst dich täuschen. Niemals habe ich gehört, daß von diesen Leuten jemand etwas herschenkt um der Form eines Koptes willen.

DER PÄCHTER CALLAS Genug, Lopez, ich habe keinen Grund, an dieser Regierung zu zweifeln. Sie ist erst fünf Stunden im Amt, und mein Pachtherr ist schon verhaftet.

FRAU CALLAS Ich habe auch im Dorf sagen hören, man solle jetzt nicht mehr zur Sichel gehen.

*Fünf Pächter, darunter der Pächter Parr, kommen aufgeregt. Es sind alles Rundköpfe.*

*Einer trägt eine Fahne mit dem Sichelzeichen, alle tragen Gewehre.*

DER PÄCHTER PARR Was macht ihr? Wir wollten heute abend alle zur Sichel, wie es ausgemacht ist. Aber jetzt ist dieser Aufruf und die Nachricht über Verhaftungen von Pachtherren gekommen. Sollen wir jetzt noch kämpfen?

DER PÄCHTER CALLAS Ich gehe in die Stadt Luma und melde mich bei dem Iberin. Wenn er mir Ackergäule verschafft und die Pacht erläßt, brauche ich nicht mehr zu kämpfen. Der de Guzman ist ein Tschiche und muß das Maul halten.

ERSTER PÄCHTER Ja, euer Pachtherr ist ein Tschiche, aber unserer ist ein Rundkopf!

DER PÄCHTER PARR Aber vielleicht kann auch der unsrige uns die Pacht nachlassen, wenn die Tschichen weg sind. Er hat Schulden bei einer tschichischen Bank, die ihm wohl jetzt erlassen werden.

DER PÄCHTER LOPEZ Sie werden ihm vielleicht erlassen werden. Aber er wird die Pacht doch einfordern.

DRITTER PÄCHTER Hinter dem Iberin stecken doch nur die Pachtherren.

DER PÄCHTER PARR Das soll nicht wahr sein. Ich habe gehört, er lebt ganz einfach, trinkt nicht, raucht nicht und ist selber Sohn eines Pächters. Er ist uneigennützig, das steht in der Zeitung. Er sagt auch, das Parlament kann nichts, und das ist die Wahrheit.

ERSTER PÄCHTER Ja, das ist die Wahrheit.

*Stille.*

DRITTER PÄCHTER  Also sollen die Pächter jetzt nicht mehr gegen die Pachtherren vorgehen?

DER PÄCHTER PARR  Doch: die tschuchischen Pächter gegen die tschichischen Pachtherren.

DER PÄCHTER LOPEZ  Und die tschichischen Pächter, sollen die auch gegen die tschuchischen Pachtherren vorgehen?

DER PÄCHTER PARR  Tschichische Pächter gibt es wenige. Der Tschich arbeitet ungern.

FÜNFTER PÄCHTER  Aber tschuchische Pachtherren gibt es viele.

DER PÄCHTER PARR  Das ist diese Zwietracht: Tschuchen gegen Tschuchen, die aufhören muß.

DER PÄCHTER LOPEZ  Daß der Regen durch unsere Dächer läuft, muß auch aufhören.

DER PÄCHTER CALLAS  Unser Tschich ist auch schon verhaftet.

VIERTER PÄCHTER  Aber durch mein Dach regnet es auch, und mein Pachtherr ist ein Tschuch.

DRITTER PÄCHTER  Das ist alles Schwindel! Ich will jetzt wissen: wird euer Iberin die Pachtherren zum Teufel jagen, und zwar alle?

DER PÄCHTER PARR  Er wird die tschichischen zum Teufel jagen und die tschuchischen zwingen, den Pflock etwas zurückzustecken.

DRITTER PÄCHTER  Das hilft nichts: Tschuch oder Tschich, Pachtherr ist Pachtherr! Sie müssen zum Teufel gejagt werden. Ich geh zur Sichel. Ich traue keinem mehr, als mir selber. Wer aus seinem Elend heraus will, der kommt mit zur Sichel. Es ist ein Schwindel mit diesem Iberin. *Zum Publikum:*

Pachtherr und Pächter sollen einig sein
Weil ihre Köpfe rund sind und nicht spitz!
Ich zahl die Pacht und jener steckt sie ein!
Und beide sind wir einig! 's ist ein Witz!
Was soll das, daß wir beide tschuchisch sind?
Dann soll er mich nur von der Pacht befrein!

Sonst trennt uns eben Hunger, Frost und Wind.
Das teilt uns mächtig in zwei Teile ein!

DER PÄCHTER CALLAS Denkt, wie ihr wollt: ich werde es mit
dem Iberin versuchen!

DIE PÄCHTER

Her zu uns, Lopez!
Rund- oder Spitzkopf, das ist für uns gleich!
Bei uns gilt immer nur: arm oder reich!
*Sie reichen ihm die Hand und gehen weg.*

FRAU LOPEZ Ich glaube, es ist besser, wenn wir jetzt auch heimgehen.

FRAU CALLAS Nein, das werden Sie nicht können, Frau Lopez.
Als ich vorhin am Dorfteich vorüberkam, hörte ich ein paar
Leute sagen, daß man mit Ihnen abrechnen müsse. Und als
ich in die Richtung Ihres Hauses sah, sah ich einen roten
Schein.

FRAU LOPEZ O Gott!

DER PÄCHTER LOPEZ Ich bitte dich, meine Familie bei dir zu
verstecken, Callas, bis die erste Zeit der Verfolgungen vorüber ist.
*Schweigen.*

DER PÄCHTER CALLAS Es wäre mir lieber, wenn ihr diese Nacht
und die nächste Zeit nicht unter meinem Dach zu finden
wäret . . .

DER PÄCHTER LOPEZ Könntest du wirklich nicht meine Kinder
wenigstens für diese ersten Tage bei dir verstecken?

DER PÄCHTER CALLAS Vielleicht könnte ich es. Aber da du einer
von der Sichel bist, ist es für meine eigene Familie gefährlich, wenn irgend jemand von euch bei mir verkehrt.

DER PÄCHTER LOPEZ Wir gehen also, Callas.
*Callas schweigt.*

DIE BEIDEN FRAUEN

Durch unsere Not bisher vereint
Sind wir durch unseres Kopfes Form uns nunmehr Feind.
*Die Familie Lopez geht zögernd weg.*

FRAU CALLAS Du aber, Mann, geh jetzt schleunigst nach Luma und nütze die günstige Zeit! Bezahle keine Pacht, und laß es dir bescheinigen, daß du keine zahlen mußt!

DER PÄCHTER CALLAS Das kann ich euch sagen: ich komme nicht ohne Bescheinigung zurück!


4

PALAIS DES VIZEKÖNIGS


*Im Hof findet eine Gerichtssitzung statt. Als Parteien stehen einander gegenüber die Oberin von San Barabas und der Abt von San Stefano. Leuchtschrift: »Die Sichel im Vormarsch auf die Reichshauptstadt.«*

DER RICHTER In dem Prozeß der Barfüßigen Bettelmönche von San Stefano gegen die Bedürftigen Schwestern von San Barabas wird von den Barfüßigen Bettelmönchen der Schadensanspruch auf sieben Millionen festgelegt. Worin erblicken die Brüder einen Schaden von solcher Höhe?

DER ABT VON SAN STEFANO In dem Bau einer neuen Wallfahrtskirche durch das Stift San Barabas, wodurch die Gläubigen unseres Sprengels abgezogen werden.

DIE OBERIN VON SAN BARABAS Wir stellen dem Gericht anheim, durch Einblick in die Bücher der neuen Wallfahrtskapelle von San Sebastian, um die es sich hier handelt, festzustellen, daß die Einnahmen nicht sieben Millionen, wie die Brüder behaupten, sondern nur knappe vier Millionen betragen.

DER ABT VON SAN STEFANO Ja, in den Büchern! Ich weise darauf hin, daß die Bedürftigen Schwestern von San Barabas schon einmal hier vor dem Hohen Gerichtshof gesessen haben, wobei es sich um eine Steuerhinterziehung von eineinhalb Millionen gehandelt hat und wo sich die Schwestern ebenfalls auf ihre »Bücher« gestützt hatten.

*Sie schütteln gegeneinander die Fäuste. Ein Gerichtsschreiber taucht auf.*

DER RICHTER Was ist los? Ich wünsche bei der Verhandlung, die um hohe Werte geht, nicht gestört zu werden.

DER SCHREIBER Euer Gnaden, auf das Gerichtsgebäude zu bewegt sich eine Menge, die den Pachtherrn de Guzman vor Gericht schleift. Die Leute behaupten, durch den de Guzman sei ein tschuchisches Mädchen vergewaltigt worden.

DER RICHTER Lächerlich. Herr de Guzman ist einer der fünf größten Pachtherren des Landes. Er ist bereits vor drei Tagen aus seiner ungesetzlichen Haft entlassen worden.

*Die Menge dringt ein. Sie stößt de Guzman vor den Richtertisch. Auch Frau Cornamontis und Nanna werden hereingeschoben. Während der Richter erregt läutet, wird de Guzman von der Menge betastet und bespien.*

STIMMEN Was allein der Anzug kostet, davon kann eine sechsköpfige Familie einen Monat leben. – Schau mal diese feinen Händchen an, der hat auch noch nie eine Schippe in der Hand gehabt. – Den hängen wir mit einem Seidenstrick.

*Die Huas beginnen, um die Ringe des Pachtherrn zu würfeln.*

EIN MANN Herr Richter, das Volk von Jahoo verlangt, daß das Verbrechen dieses Menschen bestraft wird.

DER RICHTER Liebe Leute, der Fall wird untersucht werden. Aber wir verhandeln hier gerade einen Fall von großer Dringlichkeit.

DER ABT VON SAN STEFANO *zu dem die Oberin getreten ist, aufgeregt:* Wir halten es nicht für notwendig, unsere kleinen Differenzen vor der großen Öffentlichkeit zu verhandeln. Wir wären mit einer Vertagung einverstanden.

RUFE Schluß mit dem Verschieben! – Wir haben gleich gesagt, diese Bude muß man unten anzünden! – Der Richter muß auch aufgehängt werden! – Man muß das ganze Pack aufhängen, ohne Verhandlung!

DER MANN *zu der Menge draußen:*
Dies ist die wahre Milde, die hier spricht:
Sie ist mild für das Opfer und für die Verbrecher nicht!
Der spricht für die Betroffenen mitleidsvoll
Der sagt, daß man die Betreffer ohne Mitleid treffen soll.

EIN ANDERER MANN Auch das Gericht soll wissen, daß für das Land Jahoo eine neue Zeit und eine neue Gerechtigkeit angebrochen ist!

*Leuchtschrift:* »*Der Statthalter bezeichnet in einer Rede vor den Schullehrern den Kampf im Süden als einen Kampf des Rechts gegen das Unrecht.*«

DER MANN *zu der Menge:* Setzt euch alle nieder und geht nicht weg, bevor hier ein gerechtes Urteil gefällt und der Pachtherr gehängt ist!

*Sie setzen sich auf den Boden, rauchen, entfalten Zeitungen, spucken und schwatzen.*

DER INSPEKTOR *kommt und bespricht sich mit dem Richter:* Der Statthalter läßt Ihnen sagen, Sie müssen der Menge nachgeben und die Verhandlung führen. Das Gericht hat sich nicht mehr an die trockenen Buchstaben des Gesetzes zu halten, sondern dem natürlichen Rechtssinn des Volkes Rechnung zu tragen. Die Schlacht im Süden steht sehr schlecht für die Regierung, und die Hauptstadt wird immer unruhiger.

DER RICHTER *zum Zuschauer:* Diese Aufregungen sind zuviel für mich. Ich bin körperlich geschwächt und besonderen Anforderungen nicht mehr gewachsen. Seit zwei Monaten haben wir hier kein Gehalt bekommen. Die Lage ist recht unsicher, ich muß an meine Familie denken. Heute habe ich in der Frühe eine Tasse dünnen Tee getrunken und ein altes Brötchen verzehrt. Mit leerem Magen kann man nicht Recht sprechen. Einem Mann, der nicht gefrühstückt hat, glaubt man nichts, er hat keinen Schwung. Da wird das Recht glanzlos.

*Die de Guzmanschen Anwälte kommen mit fliegenden Roben ins Vorzimmer gestürzt, hinter ihnen einige Pachtherren.*

DER TSCHUCHISCHE ANWALT *im Vorzimmer zum zweiten:* Bleiben Sie im Anwaltszimmer. Es ist besser, wenn Sie als Tschiche hier nicht auftreten.

DER TSCHICHISCHE ANWALT Sehen Sie zu, daß Sie ihn für acht Tage ins Gefängnis bringen. Ich wollte, ich wäre auch dort. *Der tschuchische Anwalt und die Pachtherren in den Hof.*

RUFE Fangt endlich an! – Es ist jetzt schon fast zu dunkel, wenn wir den Mann noch aufhängen wollen!

DER RICHTER Die Leute sollen sich wenigstens hinsetzen, wie es sich gehört. Wir müssen den Fall zuerst klären. So wild geht es denn doch nicht. *Zu Frau Cornamontis:* Wer sind Sie?

FRAU CORNAMONTIS Frau Cornamontis, Emma. Besitzerin des Kaffeehauses El Paradiso, Estrada 5.

DER RICHTER Was wollen Sie hier?

FRAU CORNAMONTIS Gar nichts.

DER RICHTER Warum sind Sie dann hier?

FRAU CORNAMONTIS Vor etwa einer halben Stunde gab es vor meinem Hause eine Ansammlung, und die Leute verlangten, daß eine meiner Kellnerinnen, hier ist sie, mit aufs Gericht geht. Da ich mich weigerte, sie wegzulassen, wurde auch ich gezwungen, mitzukommen. Ich komme in die ganze Sache wie der Pontius ins Credo.

DER RICHTER *zu Nanna:* Und Sie sind das Mädchen? Nehmen Sie hier auf der Anklagebank Platz.
*Pfeifen aus der Menge.*

RUF Oho, da gehören doch die anderen hin!
*Leuchtschrift: »Regierungstruppen setzen dem Vormarsch der Sichel hartnäckigen Widerstand entgegen.«*

DER RICHTER Wer auf die Anklagebank kommt, entscheide ich. *Zu Nanna:* Sie haben den Herrn auf offener Straße angesprochen. Sie wissen, daß darauf drei Wochen Arbeitshaus stehen. *Als Nanna schweigt, zu Herrn de Guzman, sich ver-*

*neigend:* Bitte, näher zu treten, Herr de Guzman. War es so?

HERR DE GUZMAN Jawohl, Herr Richter. Ich wurde von ihr angesprochen, als ich meinen Vormittagsspaziergang machte. Sie ist die Tochter eines meiner Pächter und bat mich, ihrem Vater die Pacht zu erlassen. *Leise:* Ich bitte, mich in Haft zu nehmen, ich bin Tschiche.

DER TSCHUCHISCHE ANWALT Ich bin der Anwalt der Familie de Guzman und übernehme die Vertretung meines Klienten.

DER RICHTER Sie haben Zeugen beigebracht?

DER TSCHUCHISCHE ANWALT Hier sind die Herren Saz, Duarte und de Hoz.

RUF Feine Herren gegen arme Leute als Zeugen!

*Pfiffe.*

DER RICHTER Ruhe! *Zu den Zeugen:* Was haben Sie auszusagen? Ich mache Sie darauf aufmerksam, daß Sie wegen Meineids belangt werden können.

RUF Das klingt schon besser!

DER REICHE HERR SAZ Herr de Guzman wurde von dem Mädchen auf der Straße angesprochen.

DER TSCHUCHISCHE ANWALT Auch die soziale Stellung meines Klienten, der auf der andern Seite höchstens die Aussage einer gewöhnlichen Kellnerin eines Kaffeehauses gegenüberstehen könnte, verbürgt, denke ich, die Wahrheit.

EINE STIMME *von oben:* Oho! Vielleicht umgekehrt! Nimm einmal deine Kappe herunter, mein Junge! Wir wollen sehen, was du für einen Kopf aufhast! Bei den Ansichten!

ZWEITE STIMME *von oben:* Kappe herunter!

DER TSCHUCHISCHE ANWALT *nimmt die Kappe ab:* So rund wie Ihrer ist der meine noch lange!

DIE STIMME *von oben:* Vielleicht fragst du deinen Klienten, wer von ihrem Vater so viel Pacht verlangt, daß sie sich verkaufen muß?

ZWEITE STIMME *von oben:* Immer von vorn anfangen!

DER RICHTER *zu Nanna:* Setzen Sie sich endlich auf die Anklagebank, damit wir anfangen können!

DIE STIMME *von oben:* Du, setz dich nicht! Wir sind hierhergekommen, damit du recht kriegst, und nicht, damit du auf
der Anklagebank sitzt!

DER TSCHUCHISCHE ANWALT Auf der Straße kann man nicht
verhandeln. Es stehen so subtile Fragen zur Entscheidung.
Hier sind Köpfe nötig.

DIE STIMME *von oben:* Wohl spitze?
*Gelächter.*

ZWEITE STIMME *von oben:* Da muß eben der Iberin her!

STIMMEN Wir verlangen, daß folgende Personen auf der Anklagebank sitzen: der Pachtwucherer, die Kuppelmutter und
der Rechtsverdreher!

DIE STIMME *von oben:* Und daß der Iberin geholt wird. Der ist
sich wohl zu gut?

STIMMEN Iberin! Iberin! Iberin!
*Iberin ist kurz vorher unbemerkt eingetreten und hat sich
abseits hinter den Richtertisch gesetzt.*

ANDERE STIMMEN Da ist ja der Iberin!

EINIGE Hoch Iberin!

DER RICHTER *zu Iberin:* Exzellenz, ich stütze mich auf die
Aussagen einiger der bedeutendsten Pachtherren des Landes.

IBERIN Stützen Sie sich lieber auf die Meldungen vom Kriegs-
schauplatz!
*Leuchtschrift:* »*Die mangelhafte Ausrüstung der regierungs-
treuen Armee macht sich noch stark bemerkbar! Munitions-
mangel und dürftige Verpflegung hemmen sichtbar den
prächtigen Kampfgeist der Truppen.*«
*Es entsteht eine Unruhe. In einem Haufen Leute betritt der
Pächter Callas den Hof.*

DIE STIMME *von oben:* Und hier ist der Vater des Mädchens.

NANNA Oje, mein Vater! Ich muß mich verstecken, damit er
mich nicht sieht, denn diesmal hab ich eine Dummheit gemacht, die die zu Hause jetzt ausbaden müssen.

DER RICHTER *zu Callas:* Was suchen Sie hier?

DIE STIMME *von oben:* Er sucht sein Recht!

BEGLEITER DES PÄCHTERS CALLAS Wir haben den Mann auf der Straße getroffen. Er fragte uns, wann und wo der Fall de Guzman verhandelt würde. Wir sagten ihm, daß die Verhandlung eben jetzt stattfinde und er nur im Strom der Leute weiterzugehen brauche, denn sie gingen alle hierher.

DER PÄCHTER CALLAS Das stimmt. Ich bin von meinem Pachthof hierhergekommen, um im Verfahren gegen meinen Pachtherrn, welcher wegen Pachtwucher vor Gericht steht, als Zeuge aufzutreten.

DER RICHTER Es handelt sich nicht um Pachtwucher.

DER PÄCHTER CALLAS Doch: ich kann bezeugen, daß die Pacht unerschwinglich war. Der Boden ist sumpfig und die einzelnen Äcker liegen weit auseinander, aber das Ackergerät ist primitiv, und für das Fuhrwerk mußten wir die Kuh verwenden. Wir arbeiteten den ganzen Sommer von drei Uhr früh an, auch die Kinder halfen uns. Die Getreidepreise konnten wir nicht bestimmen, sie waren jedes Jahr verschieden, aber die Pacht war die nämliche. Unser Pachtherr tat nichts und schob das Geld ein. Ich beantrage daher, daß die Pachtsumme ein für allemal gestrichen wird und der Getreidepreis so ist, daß wir von unserer Arbeit leben können.

DIE STIMME *von oben:* Sehr richtig.

*Klatschen.*

DER MANN *steht auf und spricht nach hinten zur Straße:* Der Vater des belästigten Mädchens, der der Pächter des Angeklagten ist, verlangt die Streichung der Pacht und gerechte Getreidepreise.

*Hinten Beifall einer großen Menschenmenge.*

DER RICHTER *zu Iberin:* Exzellenz, wie wünschen Sie diesen Fall behandelt?

IBERIN Tun Sie, was Sie für richtig halten.

*Leuchtschrift:* »*Aus allen Teilen des Südens kommen Meldungen über widerrechtliche Aneignungen der Ländereien durch die Pächter.*«

DER RICHTER Nach den Paragraphen des Gesetzbuches hat

allein das Mädchen sich schuldig gemacht. Sie darf außerhalb der Schankstätte, in der sie arbeitet, keinen Herrn ansprechen.

IBERIN Mehr haben Sie nicht zu sagen? Das ist wenig.

DIE STIMME *von oben:* Bravo! Habt ihr gehört, wie der Statthalter dem Richter über das Maul gefahren ist? Er sagt ihm, das ist wenig.

DER MANN *nach hinten zur Straße:* Der Statthalter hat eingegriffen. Er hat dem Obersten Richter bereits einen Verweis erteilt. Er bezeichnete die Rechtskenntnisse des Richters als sehr gering. Es geht weiter.

IBERIN Vernehmen Sie den Vater des Mädchens genauer! Und kommen Sie endlich auf den Kern der Sache.

DER RICHTER Sie behaupten also, daß Ihr Pachtherr bei der Bemessung des Pachtzinses über das gesetzlich zulässige Maß hinausging?

DER PÄCHTER CALLAS Sehen Sie, die Pacht konnte nie und nimmer hereinkommen. Wir lebten von Holzabfällen und Wurzeln, da wir das Getreide in der Stadt abliefern mußten. Unsere Kinder sind fast das ganze Jahr unbekleidet. Die Schäden am Haus können wir nicht reparieren, so daß es langsam über unseren Köpfen zusammenfällt. Die Steuern sind ebenfalls zu hoch. Ich beantrage auch die vollständige Streichung aller Steuern für diejenigen, die sie nicht bezahlen können.

*Allgemeiner Beifall.*

DER MANN *nach hinten zur Straße:* Der Pächter beantragt die vollständige Streichung aller Steuern für die, die sie nicht zahlen können! Es geht aber noch weiter.

*Ungeheurer Beifall hinten.*

DER RICHTER Wie hoch ist die Pachtsumme? Wie hoch ist die Steuer?

IBERIN *steht so heftig auf, daß der Stuhl umfällt:* Wissen Sie nichts Wichtigeres zu fragen? Sagt Ihnen keine innere Stimme, was das Volk wirklich braucht?

DER PÄCHTER CALLAS Gäule! Zum Beispiel Gäule!

IBERIN *streng:* Ruhe! Was sind da Gäule? Hier geht's um mehr! *Zum Richter:* Sie können gehen. Verlassen Sie diesen Platz, den auszufüllen Sie nicht imstande sind. Diese Verhandlung führe ich zu Ende.

*Der Richter packt seine Papiere zusammen und verläßt in schrecklicher Betretenheit den Richtertisch und den Hof.*

DER MANN *nach hinten zur Straße:* Der Statthalter hat den Obersten Richter seines Amtes enthoben und übernimmt selbst die Führung der Verhandlung. Der Oberste Richter verläßt den Saal. Hoch Iberin!

DER PÄCHTER CALLAS Habt ihr's gehört: Was sind Gäule? Es geht um mehr!

MANN *hinten:* Jetzt, wo der größte Pachtwucherer, der Vizekönig, verjagt ist, warum soll da das Land nicht aufgeteilt werden?

*Beifall.*

*Leuchtschrift: »Auch aus den nördlichen Bezirken werden jetzt kleinere Aktionen aufständischer Pächter gemeldet.«*

IBERIN Da das Gericht den Kern der Sache nicht herausfinden konnte, übernehme ich den Fall. Im Namen des tschuchischen Volkes.

Als einfaches Beispiel tschuchischer Rechtspflege soll
Dieser Fall uns dienen. Ein bestimmter Geist
Soll hier bekämpft werden. So wie unsere Truppen
Den aufsässigen Pächter zügeln werden
Wird das Gericht den zügellosen Pachtherrn
Verweisen in die Schranken tschuchischen Rechts.
Hier gilt nicht die Person, ob arm, ob reich:
Ist gleich der Übergriff, sei auch das Urteil gleich.
Auf der Anklagebank nehmen Platz: der Pachtherr de Guzman sowie – *auf Frau Cornamontis zeigend* – diese Person, und den Sitz des Klägers nehmen ein: dieses Mädchen und ihr Vater.

DER MANN *nach hinten zur Straße:* Der Statthalter will ein

Beispiel tschuchischer Rechtspflege geben. Er bringt zunächst Ordnung in das Prozeßverfahren. Er weist Angeklagten und Klägern ihre Plätze zu.

IBERIN *zu Callas:* Treten Sie vor! Sehen Sie sich Ihre Tochter an!

DER PÄCHTER CALLAS Ach, du bist hier, Nanna?

IBERIN Erkennen Sie sie wieder?

DER PÄCHTER CALLAS Natürlich.

IBERIN Ich frage Sie deshalb, weil sie sich doch sicher verändert haben muß.

DER PÄCHTER CALLAS Nicht besonders.

IBERIN Sind das die Kleider, die Sie ihr gekauft haben?

DER PÄCHTER CALLAS Nein, natürlich nicht.

IBERIN Nicht wahr, das sind nicht die Kleider, die ein einfacher Bauer, der mit der schwieligen Hand die Scholle bearbeitet, seiner Tochter kauft.

DER PÄCHTER CALLAS Das kann ich ja gar nicht. Bei der Pacht!

IBERIN Und Sie würden es auch nicht, wenn Sie könnten? Ihrem einfachen und geraden Geschmack sind solche Fetzen zuwider. Wieso kann Ihre Tochter solche Kleider kaufen?

DER PÄCHTER CALLAS Sie verdient doch ganz gut.

IBERIN *schärfer:* Furchtbare Antwort! Ich frage Sie noch einmal: Erkennen Sie in diesem nach der Mode des Tages gekleideten Mädchen das fröhliche Kind wieder, das an Ihrer Hand über die Felder ging? *Der Pächter Callas glotzt verständnislos.* Ahnten Sie, daß Ihre Tochter schon im zarten Alter von sechzehn Jahren mit Ihrem Pachtherrn sträfliche Beziehungen einging?

DER PÄCHTER CALLAS Jawohl, die Vorteile, die wir davon hatten, waren aber ganz unbedeutend. Wir konnten einige Male die Pferde zum Holzfahren benutzen. Aber wenn Sie – *zu den Umstehenden* – eine Pacht zahlen sollen, die zehnmal zu groß ist, dann nützt es Ihnen gar nichts, wenn Ihnen hie und da ein Drittel erlassen wird. Und das noch unregelmäßig! Was ich brauche, das sind eigene Pferde.

IBERIN Der Pachtherr mißbrauchte also seine wirtschaftliche Machtstellung, um Ihre Tochter ins Unglück zu stürzen?

DER PÄCHTER CALLAS Unglück? Den ganzen Vorteil hatte das Mädchen! Sie bekam wenigstens anständige Kleider! Die hat nie gearbeitet. Aber wir! Pflügen Sie einmal ohne Gäule!

IBERIN Wissen Sie, daß es jetzt mit Ihrer Tochter so weit gekommen ist, daß sie sich im Haus der Frau Cornamontis aufhält?

DER PÄCHTER CALLAS Jawohl. Guten Tag, Frau Cornamontis.

IBERIN Wissen Sie, was das für ein Haus ist?

DER PÄCHTER CALLAS Jawohl. Ich möchte noch hinzufügen, daß sogar die Benutzung der Pferde des Gutshofs extra berechnet wurde. Und zwar ganz unverschämt. Und die Benutzung anderer Pferde war uns verboten.

IBERIN *zu Nanna:* Wie kamen Sie in dieses Haus?

NANNA Ich hatte keine Lust mehr zur Feldarbeit. Da ist man mit fünfundzwanzig Jahren wie eine Vierzigjährige.

IBERIN Das Wohlleben, das Sie durch Ihren Verführer kennenlernten, hat Sie dem einfachen Leben in Ihrem Elternhaus entfremdet. War der Gutsherr Ihr erster Mann?

NANNA Jawohl.

IBERIN Schildern Sie das Leben in dem Kaffeehaus, in das Sie kamen.

NANNA Ich beklage mich nicht. Nur die Wäschegelder sind hoch und die Trinkgelder bleiben uns nicht. Wir sind alle sehr an die Besitzerin verschuldet, dabei mußte ich bis spät in die Nacht hinein servieren.

IBERIN Aber Sie sagen, Sie beklagen sich nicht über die Arbeit. Wir alle müssen ja arbeiten. Aber es gab da anderes, worüber Sie sich beklagen müssen.

NANNA Nun ja, es gibt auch Schankstätten, in denen es dem Personal freigestellt ist, bestimmte Gäste zu bevorzugen.

IBERIN Aha! In diesem Haus waren Sie also gezwungen, die Umarmungen jedes bezahlenden Gastes zu erdulden?

NANNA Jawohl.

IBERIN Das genügt. *Zum Pächter Callas:* Was für eine Anklage erheben Sie als Vater gegen den Angeklagten?

DER PÄCHTER CALLAS Pachtwucher.

IBERIN Sie haben Grund, sich über mehr zu beklagen.

DER PÄCHTER CALLAS Ich denke, das ist gerade genug.

IBERIN Ihnen ist furchtbareres Unglück zugefügt worden als nur Pachtwucher. Sehen Sie das nicht?

DER PÄCHTER CALLAS Jawohl.

IBERIN Was ist Ihnen angetan worden? *Der Pächter Callas schweigt. Iberin zu de Guzman.* Geben Sie zu, daß Sie Ihre wirtschaftliche Macht mißbraucht haben, als Sie die Tochter Ihres Pächters verführten?

HERR DE GUZMAN Ich hatte den Eindruck, daß es ihr nicht unangenehm war, als ich mich ihr näherte.

IBERIN *zu Nanna:* Was sagen Sie dazu? *Nanna schweigt. Iberin zum Inspektor:* Führen Sie den Angeklagten hinaus! *De Guzman wird hinausgeführt. Iberin zu Nanna:* Wollen Sie sich jetzt darüber äußern, ob Ihnen die Annäherung des de Guzman angenehm war oder nicht?

NANNA *unwillig:* Ich kann mich nicht erinnern.

IBERIN Entsetzliche Antwort!

DER TSCHUCHISCHE ANWALT *zu Nanna:*
Vielleicht war's Liebe?
Herr, undurchsichtig ist der Menschen Handeln.
Sie selbst kaum kennen ihre Gründe meist
Und jetzt erst andere! Auch der schärfste Blick
Durchdringt oft nicht die unerklärliche Wirrnis
Der menschlichen Natur. Hier steht ein Mann, beschuldigt
Daß er ein Mädchen einst verführt und dann bezahlt
Und so gekauft hab, was nicht käuflich ist.
Herr, wer dies sagt, beschuldigt Mann und Mädchen.
Denn wurd von ihm gekauft, so wurd verkauft von ihr.
Nun frage ich: ist nur durch Kauf und Verkauf
Erklärbar dieses dunkle, süße, ewige
Spiel zwischen Mann und Weib? Kann's nicht auch Liebe

Und nichts als Liebe sein? Herr, in dem Fall
Der uns beschäftigt hier, war's Liebe.
*Setzt sich.* So.

IBERIN *zum Inspektor:* Man muß ihn wieder holen!
*De Guzman wird hereingeholt.*
Nun, wenn es Liebe war, hat dieser sie erregt!
*Allgemeines Gelächter.*

DER TSCHUCHISCHE ANWALT
Herr, was ist Liebe? Warum liebt der Mensch?
Der eine findet einen Menschen und
Er liebt ihn. Und der andere will lieben
Und sucht sich einen Menschen dazu. So
Liebt einer den Geliebten und der andere
Das Lieben. Doch das eine nenn ich Schicksal
Das andere Brunst. Vielleicht war's in dem Fall
Der uns beschäftigt, niedere, trübe Brunst?

FRAU CORNAMONTIS *steht auf:* Ich möchte eine Aussage machen. *Iberin nickt.* Ich muß sagen, daß Nanna Callas eines meiner anständigsten Mädchen ist. Sie spart und schickt das Geld nach Hause.

IBERIN *zum Anwalt:* Sie können gehen. Eine gerechte Sache verteidigt sich selbst.
*Der Anwalt packt seine Papiere zusammen und verläßt den Hof.*

IBERIN *zu de Guzman:* Angeklagter, geben Sie zu, daß Sie Ihre wirtschaftliche Macht mißbraucht haben?
*De Guzman schweigt.*

IBERIN *plötzlich:* Was sind Sie?

HERR DE GUZMAN Pachtherr.

IBERIN Was sind Sie?

HERR DE GUZMAN Mitglied des Landadels.

IBERIN Ich frage, was Sie sind?

HERR DE GUZMAN Katholik.

IBERIN *langsam:* Was sind Sie? *De Guzman schweigt.* Sie sind Tschiche, und Sie haben Ihre wirtschaftliche Macht miß-

braucht, um ein tschuchisches Mädchen zu verführen. *Zu Frau Cornamontis:* Und Sie, eine Tschuchin, haben sich nicht entblödet, dieses tschuchische Mädchen an Tschichen zu verkaufen. Das ist der Kern der Sache. *Zu de Guzman:*
Seht ihn jetzt stehn mit seinem spitzen Kopf!
Ertappt auf niederm Mißbrauch seiner Macht!
Denn nicht die Macht ist schlecht; der Mißbrauch ist's.
Ihr, die ihr kauft, was da nicht käuflich ist
Und nicht entstand durch Kauf; ihr, die nur kennt
Was Wert hat, wenn's entäußert wird, und nichts kennt
Was unveräußerlich ist, wie dem Baum das Wachstum
Untrennbar von ihm wie die Form der Blätter;
Ihr, die ihr selber fremd, uns uns entfremdet habt:
Das Maß ist voll!
*Zu den andern:*
Ihr aber seht, wie schwer dies ist, das Recht
Herauszuschälen aus dem Wust des Unrechts
Und zu erkennen unter all dem Schutt die
Einfache Wahrheit.

EIN HUA Heil Iberin!

IBERIN Ich urteile so: Das Mädchen wird freigesprochen. Das Kaffeehaus der Frau Cornamontis wird, da in ihm ein tschuchisches Mädchen mit Tschichen verkuppelt wurde, geschlossen ...

FRAU CORNAMONTIS *halblaut:* Das kommt gar nicht in Frage.

IBERIN ... für Tschichen. Der tschichische Verführer aber wird zum Tode verurteilt.

DER PÄCHTER CALLAS *schreit:* Und die Pacht wird gestrichen! O Lopez, jetzt sage noch was gegen diesen großen Mann!

IBERIN
Was redest du von Pacht? Das ist das kleinste
Was dir geschah. So nebensächlich ist's
Und du erhebst dich nicht zu mehr, wo mehr ist?
Ein tschuchischer Vater du! Und du die tschuchische Tochter!
Bedrückt von Tschichen! Immerfort! Nun frei!

DER PÄCHTER CALLAS Frei! Da hör her, Lopez!

IBERIN

Dir gebe ich dein Kind zurück, das einst
An deiner Hand auf tschuchischen Feldern ging.
Ihr aber sagt: das ist ein tschuchisches Urteil.
Dies ist der Sinn: hier teil ich Schwarz von Weiß
Und teil dies Volk jetzt in zwei Teile ein
Und rott den einen aus, damit der andere
Genesen kann. Denn diesen andern heb ich
Empor wie diesen Pächter aus seiner Dumpfheit
Und seine Tochter, die ich aus dem Sumpf hol.
So handelnd aber teil ich Tschuch von Tschich
Unrecht von Recht! Mißbrauch von Brauch!

DIE MENGE Hoch Iberin!

*Die Menge klatscht wie besessen. Während Nanna auf den
Schultern hinausgetragen wird, berichtet der Mann nach
hinten zur Straße.*

DER MANN *nach hinten zur Straße:* Der Statthalter hat gegen
den Tschichen de Guzman wegen Verführung eines tschuchischen Mädchens das Todesurteil ausgesprochen. Das Mädchen, das Genugtuung erhielt, wird eben auf den Schultern
aus dem Gerichtssaal getragen. Hoch Iberin!

*Die Menge nimmt den Ruf auf, Iberin geht rasch weg.*

DER ABT VON SAN STEFANO *laut zu den Umstehenden:* Das ist
ein ungeheuerliches Urteil: die Familie de Guzman ist eine
der vornehmsten in ganz Jahoo. Man wagt, sie dem Stra-
ßenpöbel preiszugeben! Und die Schwester des Verurteilten
steht vor ihrem Eintritt ins Kloster!

*De Guzman wird weggeführt. Er kommt an der Gruppe rei-
cher Pachtherren vorbei, welche wegschauen.*

HERR DE GUZMAN

O Don Duarte, hilf mir! Und ihr Herren
Ihr müßt mir beistehn heut! Erinnert euch
Wie wir an manchem Tisch gemeinsam aßen.
Alfonso, du kannst für mich sprechen! Du

Hast einen runden Kopf! Drauf kommt's heut an.
Sag, daß du das, was ich getan, auch tatest!
Was schaut ihr weg? Schaut nicht weg! Oh, nicht gut
Ist's, was ihr an mir tut! Schaut diesen Rock an!
Wenn ihr mich preisgebt, kommt ihr morgen dran!
Und euer runder Kopf hilft euch nichts mehr!
*Die Pachtherren tun weiter, als kennten sie ihn nicht. Er*
*wird abgeführt.*

IBERINSOLDATEN *indem sie ihn schlagen:* Ein alter Pachtwucherer! Tschuchische Mädchen schänden! – Haut ihn auf den Spitzkopf! – Und betrachtet euch seine Freunde etwas genauer!
*Die Pachtherren gehen eilig weg.*

DER PÄCHTER CALLAS *auf de Guzman zeigend:* Und das war
einmal mein Pachtherr! Frau Cornamontis, meine Tochter
kündigt Ihnen! Sie hat in einem Hause wie dem Ihren nichts
mehr zu schaffen.

DER TABAKHÄNDLER PALMOSA So etwas ist nie dagewesen! Das
ist die neue Zeit. Der Pachtherr muß hängen! Der Pächter
steigt auf, Frau Cornamontis!

FRAU CORNAMONTIS Herr Palmosa, ich höre Sie immer so gern
reden: Sie haben sich Ihren reinen Kinderglauben bewahrt.

DER HAUSBESITZER CALLAMASSI Meinen Sie nicht, Frau Cornamontis, daß auch einmal ein armer Mann im Kampf mit
einem reichen siegen kann?

FRAU CORNAMONTIS Ich werde euch meine Meinung über solche
Fälle sagen. *Frau Cornamontis singt »Die Ballade vom*
*Knopfwurf«.*


DIE BALLADE VOM KNOPFWURF


I
Kommt zu mir ein krummer Mann
Und fragt schüchtern bei mir an
Ob ihn wohl mein schönstes Mädchen liebt

Sag ich ihm, daß es das manchmal gibt.
Aber dann reiß ich ihm einen Knopf vom Kragen
Und sag: laß uns, Freund, das Schicksal fragen!
Wollen sehn:
Wenn die Löcher aufwärts schauen
Kannst du ihr vielleicht nicht trauen
Und mußt ein Haus weitergehn.
Laß mich sehen, ob du ohne Glück bist!
Und ich werf den Knopf und sag: du bist es.
Sagen sie dann: aber diese Löcher
Gehn doch durch! Dann sage ich: so ist es.
   Und ich sag: das Glück hat gegen dich entschieden!
   Siehst du's ein, ersparst du dir nur Qualen.
   Dir wird Liebe nicht geschenkt hienieden
   Wenn du Liebe brauchst, mußt du bezahlen.


2

Kommt zu mir ein dummer Mann
Und fragt zweifelnd bei mir an
Ob sein Bruder ehrlich teilen mag
Sage ich: das gibt es. Ohne Frag.
Aber dann reiß ich ihm einen Knopf vom Kragen
Und sag: laß uns, Freund, das Schicksal fragen!
Wollen sehn:
Wenn die Löcher oben liegen
Wird er dich vielleicht betrügen
Und nach seinem Vorteil gehn.
Laß mich sehen, ob du ohne Glück bist!
Und ich werf den Knopf und sag: Du bist es.
Sagen sie dann: aber diese Löcher
Gehn doch durch! Dann sage ich: so ist es.
   Und ich sag: das Glück hat gegen dich entschieden!
   Wenn du zweifelst, gibt's für dich nur Qualen.
   Wenn du Ruhe willst und halbwegs Frieden
   Mußt du deinem Bruder das bezahlen.

*Sie nimmt den Pächter Callas beim Arm und führt ihn einige Schritte nach vorn. Daraufhin demonstriert sie an ihm die dritte Strophe.*


3

Kommt zu mir ein armer Mann.
Meldet zornig bei mir an:
Reicher Mann zerstört mir Heim und Herd
Ob ich wohl dafür was kriegen werd?
Reiß ich ihm zuerst mal einen Knopf vom Kragen
Und sag: laß uns, Freund, das Schicksal fragen!
Wollen sehn:
Wenn die Löcher oben liegen
Wirst du vielleicht gar nichts kriegen
Und brauchst nicht herumzustehn.
Laß mich sehen, ob du ohne Glück bist!
Und ich werf den Knopf und sag: du bist es!
Sagen sie dann:

EINIGE ZUHÖRER *bücken sich nach dem Knopf und sagen aufschauend:*

        Aber diese Löcher
Gehn doch durch!

FRAU CORNAMONTIS

        Dann sage ich: so ist es!
  Und ich sag: das Glück hat gegen dich entschieden
  Und das wirst du sehn zu vielen Malen.
  Was du immer anfängst, Freund, hienieden
  Unrecht oder Recht: du wirst bezahlen!

DER PÄCHTER CALLAS Sie haben wohl Dreck in den Ohren, liebe Frau! Der Statthalter hat ausdrücklich betont, die Pacht ist nebensächlich! Jetzt noch Gäule, und ich bin gerettet!

*Frau Cornamontis bricht in ein schallendes Gelächter aus und zeigt mit dem Finger auf den Pächter Callas, der sich*

*genauso benimmt, wie man es von einem mit Blindheit ge-*
*schlagenen Mann erwarten kann.*
*Leuchtschrift: »Die Schlacht im Süden tobt mit unvermin-*
*derter Heftigkeit.«*


5

DAS KLOSTER SAN BARABAS


*Als zwei Parteien sitzen einander gegenüber zwei Kloster-*
*frauen von den Bedürftigen Schwestern von San Barabas und*
*Isabella de Guzman mit ihrem tschuchischen Anwalt.*

DER ANWALT Das Fräulein de Guzman wünscht, bevor die
  Verhandlung über ihren Eintritt in das Kloster aufgenom-
  men wird, einige Fragen an Sie zu richten.
ISABELLA *liest von einem Zettel Fragen ab:* Ob dieses Kloster
  auch streng ist?
DIE OBERIN Das strengste, Kind. *Zum Anwalt:* Doch auch das
  teuerste.
DER ANWALT Das ist uns bekannt.
DIE OBERIN Also das feinste.
ISABELLA Ob viele Fasttage sind? Wie viele?
DIE OBERIN Zweimal die Woche, vor den vier Hochzeitenfesten
  je eine ganze Woche und an den Quatembertagen.
ISABELLA Ob auch wirklich keine Männer Zutritt haben? Ob
  zum Beispiel kein Ausgang möglich ist?
DIE OBERIN Niemals.
ISABELLA Ob die Speisen einfach, das Lager hart und die geist-
  lichen Übungen ausgiebig sind?
DIE OBERIN Die Speisen sind einfach, das Lager ist hart und
  die geistlichen Übungen sind ausgiebig, Kind.

ISABELLA

   Die ich so oft sah: die fleischliche
   Begier und sinnlich Gehabe der Mägde
   Es widert mich an. Selbst meines Bruders Aug war
   Nicht klar von solcher Schwäche. Hinter den Türen
   Hörte ich oft Gebalge. Ich hasse dies Lachen.
   Reinlich wünsch ich mein Lager und unberührt meine Schul-
         ter.
   O Keuschheit, unablösbares Gut, du königliche Armut!
   Auch sei die Zelle karg mir und ärmlich die Speise
   Aber still die Mauer, welche mich abschließt.
   Jung noch an Jahren, sah ich doch gleichviel
   Hoffart genug und unwillig getragene Armut.
   Darum wünsch ich mir, keusch zu bleiben, demütig und
         arm.

DIE OBERIN

   So leben wir hier, Kind, und so wirst du leben
   Und so wie wir sind, so wirst du werden.
   *Zum Anwalt:* Aber wir müssen uns zuvor über die Bedin-
   gungen einig werden, Herr Rechtsanwalt. Was bringt das
   Fräulein mit?

DER ANWALT  Nun, Sie werden uns schon nicht die Haut über
   den Kopf ziehen ... Hier ist die Aufstellung.

DIE OBERIN *liest:* Drei Dutzend Hemden, das wird nicht langen. Da sagen wir fünf Dutzend.

DER ANWALT  Nananana, vier sind auch schon allerhand.

DIE OBERIN  Und wo ist das Leinen?

DER ANWALT  Wozu denn Leinen?!

DIE OBERIN  Wozu denn Leinen? So Gott will, wird das Fräulein bei uns achtzig Jahre alt. Fünfzig Meter Leinen. Hand-
   gewebt. Das Besteck ist aber Silber.

DER ANWALT  Nickel wird es nicht sein!

DIE OBERIN  Lieber Herr Rechtsanwalt, man muß immer vorher fragen. Und die Schränke haben wir nicht gern in Birke,
   sondern in Kirsch.

DER ANWALT Daran wird es nicht scheitern. Wir kommen jetzt zu dem Wichtigsten, Frau Oberin.

DIE OBERIN Ja, allerdings.

DER ANWALT Aha, Sie sehen das auch als eine Schwierigkeit an!

DIE OBERIN Leider.

DER ANWALT Ja, die Abstammung des Fräuleins können wir nicht in Abrede stellen.

DIE OBERIN *erleichtert:* Ach so, das meinen Sie? Ich meinte etwas anderes! *Sie steht auf, geht auf Isabella zu und fährt ihr mit der Hand unter den Kopfputz. Sie lacht laut.* Spitz, das ist nicht zu leugnen. Nun, das hat hier nichts auf sich. Das sind Äußerlichkeiten. Wenn sonst alles in Ordnung ist, hat das nichts zu sagen. Also jetzt das Wichtigste: der monatliche Zuschuß . . .

DER ANWALT Sie kennen die Pachtsummen aus den de Guzmanschen Gütern.

DIE OBERIN Die Pachteinnahmen sind ja nicht hoch, davon würde schon ein großer Teil dauernd an unser liebes Kloster fallen müssen. Wir haben uns gedacht: mindestens ein Viertel.

DER ANWALT Das ist ja ganz unmöglich. Der Bruder des Fräuleins, Herr de Guzman, hat doch die ganzen Repräsentationskosten der Familie de Guzman zu tragen und lebt ausschließlich von den Pachteinnahmen.

DIE OBERIN Soviel ich weiß, ist Herr de Guzman im Augenblick leider nicht mehr in der Lage, viel repräsentieren zu müssen.

DER ANWALT Das Fräulein lebt doch hier sehr einfach, wie wir gehört haben.

DIE OBERIN Einfach ist nicht billig.

DER ANWALT Außerdem ist jetzt durch die neue Regierung die Möglichkeit gegeben, daß die Pachten nicht nur sicher hereinkommen, sondern auch noch erhöht werden.

DIE OBERIN Das schon, aber darauf kann man sich nicht verlassen. Auf achttausend müssen wir im Monat rechnen können.

DER ANWALT Ob man das aus den ohnehin schon überlasteten Pächtern herausquetschen kann, möchte ich dahingestellt sein lassen. Sie müssen sich das auch noch überlegen, Fräulein de Guzman.

DIE OBERIN Ja, das müssen Sie sich überlegen, Kind, das kostet es.

ISABELLA Ist es wirklich zu teuer, Herr Rechtsanwalt?
*Der Anwalt nimmt das Mädchen in eine Ecke. Auf dem Weg dorthin fragt er nochmals die Schwestern.*

DER ANWALT Sechstausend? *Die Schwestern schütteln den Kopf und schauen starr vor sich hin. Der Anwalt zu Isabella:*
Das Leben, das Sie sich vorgestellt
Kostet eine Menge Geld.

ISABELLA *weint, weil das schöne Leben so schwer zu haben ist:*
Was ich will, das will ich. Und es ist nichts Unrechtes.

DER ANWALT *zur Oberin:* Bedenken Sie, daß das Getreide dieses Jahr, da die Ernte zu reich war, nichts einbringt, so daß auch die Pachtherren sich manchen Luxus versagen müssen.

DIE OBERIN Wir haben auch Felder. Und leiden also auch. Vielleicht denken Sie aber daran, daß das Fräulein nicht ohne Grund hier eintritt und die Familie sich allerhand Vorteile davon verspricht. Wir sprachen bereits von der Abstammung.

DER ANWALT Gut, da hätte ich nur noch einige Fragen. *Er liest von einem Zettel ab:* Ob die Güter dann pro forma in die Obhut des Klosters übergehen? Ob die Bedürftigen Schwestern unter Umständen um sie auch Prozesse führen würden? Ob sie diesbezüglich sofort eine Verpflichtung eingingen?

DIE OBERIN *hat immer genickt:* Das wird alles in Ordnung gehen. Das Fräulein ist nicht der einzige Fall.

DER ANWALT Dann sind wir einverstanden. Jetzt müssen wir

nur sehen, daß wir das Geld auch herbeischaffen. Das ist nicht einfach, mitten im Bürgerkrieg. Hier sind die Grundbücher der de Guzmanschen Güter.

*Er überreicht sie ihr. Sie schließt sie in den Tresor.*

DIE OBERIN Also, liebes Fräulein, wir freuen uns, Sie in unseren stillen Mauern begrüßen zu können. Sie werden in Frieden leben. Die Stürme des Lebens dringen nicht bis zu uns. *Ein Stein zertrümmert das Fenster.* Was ist das? *Sie läuft und öffnet das zweite Fenster.* Was machen diese Leute mit den Armbinden in unserem Hof?

*Sie klingelt, eine Klosterfrau tritt ein.*

DIE KLOSTERFRAU Frau Oberin, im Hof ...

DIE OBERIN Was bedeutet das? Der Kutscher des Fräulein de Guzman soll vorfahren.

DIE KLOSTERFRAU Frau Oberin, auf dem Hof hat es einen schrecklichen Auftritt gegeben. Mit einem ganzen Haufen von lärmenden Leuten ist ein Mann am Kloster vorbeigekommen. Ein geschminktes junges Frauenzimmer war auch dabei. Er hat die Pferde gesehen und behauptet, es seien die seinen und er sei der Pächter und er brauche sie zum Ackern. Er hat den Kutscher über den Kopf geschlagen, die Pferde ausgespannt und weggetrieben. Und dann sagte er noch: der Herr de Guzman könne zu Fuß zum Galgen gehen.

DIE OBERIN Das ist ja schrecklich.

DER ANWALT Frau Oberin, unter diesen Umständen möchte ich Sie bitten, das Fräulein sogleich unter Ihre Obhut zu nehmen. Die Straße scheint gewisse Gefahren zu bergen.

*Die Oberin sieht die andern Klosterfrauen an.*

DIE OBERIN Ich glaube allerdings, daß für die Güter der Familie de Guzman mehr Gefahr bestehen dürfte als für die Familie selbst.

DER ANWALT Soll das heißen, daß Sie dem Fräulein ein Asyl verweigern?

DIE OBERIN Ich bin für diese stillen Mauern verantwortlich

mein Herr. Ich hoffe, Sie verstehen die Situation, ohne daß ich aussprechen müßte, was ich ungern ausspreche.

ISABELLA Wir wollen gehen.

DER ANWALT Und was wird aus den Abmachungen, die de Guzmanschen Güter betreffend?

DIE OBERIN Wir stehen zu unserm Wort, wo wir irgend können.

*Die Parteien verbeugen sich gegeneinander. Der Anwalt und Isabella verlassen das Zimmer.*


# 6

Was man hat, hat man.


KAFFEEHAUS DER FRAU CORNAMONTIS


*Nachmittag. An einem Tischchen sitzen die drei reichen Pacht-herren Saz, de Hoz und Peruiner zwischen großen Koffern. Im Hintergrund hinter einer Zeitung Herr Callamassi. Frau Cornamontis hinter dem Bartisch, bei einer Zigarre strickend.*


HERR SAZ
Ein guter Einfall, uns hier aufzuhalten
Bis unser Zug geht.

HERR PERUINER
Wenn noch einer geht.

HERR DE HOZ
Hier ist man unauffällig. Und darauf
Kommt's an in diesen Tagen. Weit gekommen!

HERR SAZ
Wie steht die Schlacht? Darauf kommt alles an.

HERR PERUINER
Und sie steht schlecht. Ich reise nicht gern ab.

HERR DE HOZ

Der Vizekönig ist an allem schuld.
Und der Duart', der ihm den Iberin brachte.
Man reißt mit dieser Lehr von Rund- und Spitzkopf
Den Pächter von der Sichel nur, damit dann
Der Holzschuh uns im eignen Lager klappert.
*Von draußen Lärm.*

HERR PERUINER

Was ist das für ein Lärm?

HERR SAZ *ironisch:*

Der Volksheld kommt.
Ganz Luma spricht seit gestern von den Gäulen
Des Pächters Callas.

HERR PERUINER

Eine böse Sache.

HERR SAZ

Und sehr ansteckend so was.

HERR PERUINER

Sehr ansteckend!

*Die Straße herunter kommt der Pächter Callas mit seiner Tochter. Er führt zwei Gäule am Strick. Um ihn der Pächter Parr, die drei Huas und Leute von der Straße. Er bindet die Gäule draußen an. Die Leute rufen »Hoch Iberin!« und »Hoch Callas!«.*

EIN HUA Vorwärts, Callas! Hinein mit dir, alter Sünder!

EIN ANDERER HUA Liebe Leute, Sie sehen hier vor sich »Callas mit den Gäulen«, den Sieger des tschuchischen Urteils.

FRAU CORNAMONTIS Guten Tag, Nanna. Willkommen als Gast in dem Kaffeehaus, wo du lange Kellnerin gewesen bist.

DER PÄCHTER CALLAS *Parr vorstellend:* Das ist mein Freund Parr, ebenfalls Pächter. – Ja, die Gäule! Sehen Sie, ich komme vor zwei Tagen die Straße herunter, meine Tochter begleitet mich. Der Prozeß ist gewonnen, der Pachtherr wird hängen. Aber persönlichen Vorteil hatte ich selbstverständlich davon nicht. Ich war sozusagen so bedürftig wie vorher, ausgenommen die Ehre. Man gab mir sozusagen nur meine Tochter zurück, und das bedeutet doch nur einen Fresser mehr. Da sehe ich vor dem Stiftstor der Faulenzerinnen von San Barabas die Gäule. Ah, sage ich zu meiner Tochter, unsere Gäule! Hat er dir nicht, sage ich, die Gäule versprochen, als er dich verführte? Das ist eigentlich wahr, sagte meine Tochter. Sie hatte nur Angst, ob man es uns glauben würde. Warum nicht, sage ich und treibe die Gäule weg. Es ist mir genug Unrecht geschehen.

DER PÄCHTER PARR *bewundernd:* Er wartete einfach nicht ab, ob ihm der Statthalter die Gäule zusprach oder nicht.

DER PÄCHTER CALLAS Nein, ich dachte, was man hat, hat man. *Er singt »Das Was-man-hat-hat-man-Lied«.*


DAS WAS-MAN-HAT-HAT-MAN-LIED

1

Es war einmal ein Mann
Der war sehr übel dran.
Da sagte man ihm: Warte!
Da wartete der Mann.
Das Warten war sehr harte.
    Heil Iberin! Aber
    Nur
    Was man hat, hat man!


2

Der Mann war schon sehr schwach
Da macht' er einen Krach.
Er war ein böser Knochen.
Man gab ihm schleunigst nach:
Man hat ihm was versprochen.

Heil Iberin! Aber
Nur
Was man hat, hat man!

3
Es war einmal ein Mann
Dem schaffte man nichts ran.
Da tat er's an sich reißen.
Jetzt frißt er, was er kann
Und kann auf alles scheißen.
    Heil Iberin! Aber
    Nur
    Was man hat, hat man!

HERR SAZ  Das ist der nackte Aufruhr!

EIN HUA  Vom tschuchischen Standpunkt aus ist das eine der größten Heldentaten. Zur Nachahmung empfohlen.
*Frau Cornamontis, besorgt, daß es zu einem Skandal kommt, bringt Nanna eine Tasse Kaffee.*

FRAU CORNAMONTIS  Vielleicht willst du eine Tasse Kaffee haben, Nanna?

NANNA  Nein, danke.

FRAU CORNAMONTIS  Trink ihn nur.

NANNA  Ich habe keinen bestellt.

FRAU CORNAMONTIS  Nein. Er ist umsonst. *An Herrn Saz vorbeigehend, mit gedämpfter Stimme:* Vorsicht!

HERR SAZ  *sie abwehrend, zu den Huas:* Meinen Sie wirklich, daß das im Sinne des Herrn Iberin ist?

EIN HUA  Ja, lieber Herr, das ist im Sinne des Herrn Iberin. Sie denken wohl, einer, der in Holzschuhen läuft, ist weniger als Sie? Zum besseren Verständnis werden wir uns erlauben, den Herren hier unser neues Iberinlied vorzusingen.
*Die Huas singen »Das neue Iberinlied«:*

1

Der Pachtherr grübelt Tag und Nacht
Was er alles noch kriegen kann
Und wenn er sich etwas ausgedacht
Das Pächtervolk schafft es ihm ran.
Auf den Tisch
Stellt es ihm Suppe und Fisch
Einen Bottich mit Wein
Gießt es ihm hinein.
In sein Bett
Bringt es noch ein Kot'lett
Mit Kartoffelsalat
Und dann legt es ihn ins Bad.
Wenn er zum Beispiel raucht
Gibt's nur Virginia
Alles was er braucht
Steht einfach da.
Der reiche Mann sagte: Ja, so ist's fein.
So ist's Gott sei Dank, und so soll's immer sein.

EIN HUA In dieser Lage, meine lieben Freunde, ging das Pächtervolk zu seinem lieben Herrn Iberin, und Herr Iberin ging zum Pachtherrn und zeigte ihm, was eine Harke ist. So klein wurde der Pachtherr, wie einen Bruder behandelte er hinfort das Pächtervolk.
*Die Huas singen weiter:*

2

Auf den Tisch
Stellt er ihm Suppe und Fisch
Einen Bottich mit Wein
Gießt er ihm hinein.
In das Bett

Bringt er ihm ein Kot'lett
Mit Kartoffelsalat
Und danach gibt's ein Bad.
Wenn es zum Beispiel raucht
Gibt's nur Virginia
Alles was es braucht
Steht einfach da.
Das Pächtervolk sagte: Ja, so ist's fein.
So ist's Gott sei Dank, und so hätt's immer solln sein.
Das Pächtervolk sinnt Tag und Nacht
Was es alles noch kriegen kann
Und wenn es sich etwas ausgedacht
Sein Pachtherr, er schafft es ihm ran.

*Das Lied haben die Huas an dem Pächter Parr demonstriert. Sie haben ihn in der ersten Strophe vor den Pachtherren geduckt, aber in der zweiten haben sie ihn auf den Tisch gehoben, ihm den Hut des Herrn Saz, die Zigarren und die Gläser der Herren de Hoz und Peruiner verliehen. Und der Pächter Parr hat mit einem kleinen Holzschuhstep mitgewirkt.*

EIN HUA  Meine Herren, die Verteilung der Gäule und Ackergeräte an die Pächter steht unmittelbar bevor. Auch die der Äcker. »Callas mit den Gäulen« hat dem, was sowieso kommen wird, nur vorgegriffen.

DER PÄCHTER PARR *zu Callas:* Es ist ganz dasselbe, was die Sichel will.

DER PÄCHTER CALLAS  Mehr. Bei der Sichel kriegt das Dorf die Gäule! Aber merk dir: sehr gut, vorgreifen! Lieber Freund, du hast gehört, was ich gemacht habe. Alles Vertrauen in Herrn Iberin in Ehren – ich darf sagen, daß mein Vertrauen in ihn unbegrenzt ist –, aber wenn du dieser Tage irgendwie in den Besitz von Gäulen gelangen kannst, sagen wir zufällig, zum Beispiel wie ich, dann ist das sicher nicht schlecht. Ich möchte sagen, es ist sicherer.

DER PÄCHTER PARR Ich verstehe. Heil Iberin! Aber nur was man hat, hat man. Callas, du hast mir die Augen geöffnet. Ich weiß jetzt, was ich zu tun habe. *Er geht eilig ab.*

EIN HUA Jedenfalls bitte ich alle Anwesenden, auf die Gesundheit des Herrn Callas und seiner Gäule zu trinken.
*Die Huas stehen auf. Die reichen Pachtherren, außer Herrn Peruiner, bleiben sitzen.*

HERR DE HOZ *halblaut:* Ich trinke nicht auf die Gesundheit eines Pferdediebs!

HERR SAZ Dann ist es besser, sofort wegzugehen.
*Die Herren zahlen, stehen auf und gehen weg.*

EIN HUA Ich traue meinen Augen nicht! Sie haben nicht auf dein Wohl getrunken, Callas, das gefällt mir nicht. Nach ihrer Schale zu urteilen, wette ich, daß das Tschichen sind.

DER PÄCHTER CALLAS Sie kommen mir so bekannt vor. Das sind die Leute, die vor Gericht aussagten, meine Tochter habe einen Tschichen belästigt. Das sind die Freunde des de Guzman und genau solche wie er.

DIE HUAS Bleib nur ruhig sitzen, Callas! – Wir werden mit den Herren noch eine sehr ernste Unterredung haben müssen in deiner Angelegenheit.
*Die Huas gehen den Pachtherren nach.*

FRAU CORNAMONTIS *den Huas nacheilend:* Um Gottes willen, vergreifen Sie sich nicht an den größten Pachtherren des Landes!

DER PÄCHTER CALLAS *zu seiner Tochter Nanna:* Könntest du nicht etwas Kleingeld verschaffen? Ich habe allerhand Hunger.

NANNA Ich kann nichts mehr machen. Seit drei Tagen feiert mich Luma als das tschuchische Mädchen wie eine Königin. Man trinkt auf meine Gesundheit, man spricht von meinem Aufstieg. Seit drei Tagen bin ich jeder Belästigung entrückt. Ich kann nichts mehr verdienen. Anstatt begierig, blicken mich die Männer verehrungsvoll an. Das ist katastrophal.

DER PÄCHTER CALLAS Jedenfalls mußt du nicht mehr ins Puff.

Und Ackergäule habe ich auch schon. Und ohne, daß ich einen Finger rührte!

NANNA Meiner Meinung nach hast du sie noch nicht.

*Die zwei Rechtsanwälte der Familie de Guzman treten ein und gehen mit ausgestreckten Armen auf Callas zu.*

DIE ANWÄLTE Ach, hier sind Sie ja, mein lieber Herr Callas! Wir haben Ihnen einen glänzenden Vorschlag zu machen. Die Sache rangiert sich jetzt.

*Sie setzen sich zu ihm.*

DER PÄCHTER CALLAS So.

DIE ANWÄLTE Wir können Ihnen jetzt mitteilen, daß eine gewisse Familie unter Umständen bereit wäre, Ihnen, was die zwei Gäule betrifft, entgegenzukommen.

NANNA Wofür?

DER PÄCHTER CALLAS Es handelt sich wohl um eine gewisse tschichische Familie?

DIE ANWÄLTE Sie werden wissen, daß der Fall, von dem wir sprechen, in einem Prozeß noch einmal aufgerollt werden soll.

DER PÄCHTER CALLAS Das weiß ich nicht.

DIE ANWÄLTE Sie können sich vorstellen, daß von gewisser hochstehender Seite alle Hebel in Bewegung gesetzt werden, daß das Urteil revidiert wird.

DER PÄCHTER CALLAS Von tschichischer Seite.

DIE ANWÄLTE *lachend:* Von tschichischer Seite. Wir haben ein Zeugnis an Eides Statt in Händen, wonach Ihre Tochter, der damit übrigens nicht zu nahe getreten werden soll, schon vor ihrer Bekanntschaft mit dem betreffenden – tschichischen – Herrn eine Beziehung mit einem Mann unterhalten hat, so daß also der Vorwurf der Verführung in Wegfall käme.

NANNA Das ist nicht wahr.

DIE ANWÄLTE Wenn Sie es zugäben, könnte man sofort über eine Schenkung sprechen.

DER PÄCHTER CALLAS Darauf habe ich Ihnen nur eine Antwort...

NANNA Halt! *Zu den Anwälten:* Lassen Sie mich einen Augenblick mit meinem Vater allein.

DIE ANWÄLTE Klipp und klar: Sie können jetzt zwei Pferde geschenkt bekommen, wenn Sie klug sind!
*Die Anwälte gehen schlendernd zur Theke.*

DER PÄCHTER CALLAS Der Iberin ist für uns, darum sind sie so nachgiebig. Wir brauchen unsern guten Namen nicht für ein Butterbrot wegzuschenken. Was meinst du?

NANNA Ich meine, daß wir die Gäule nehmen sollen. Es kommt nicht darauf an, wofür der Iberin ist. Es kommt alles darauf an, wie die Schlacht steht.

DER PÄCHTER CALLAS Und wie steht die Schlacht?

NANNA *aufgeregt in der Zeitung blätternd:* Hier stehen ja nur Lügen, aber es ist klar, daß die Sichel immer weiter vorrückt. Sogar hier steht, daß sie schon vor der Stadt Mirasonnore sind. Dort ist das Elektrizitätswerk für die Hauptstadt. Wenn sie das haben, können sie das ganze Licht abstellen.

DER PÄCHTER CALLAS Liebe Tochter, ich leere mein Glas auf das Wohl unseres Freundes Lopez. Er kämpft wie ein Löwe. Die Pachtherren schenken schon ihre Gäule weg. Aber man muß hier sein, denn nur was man hat, hat man.

NANNA Aber das Schlachtenglück kann ja jeden Augenblick umschlagen. Es sind zu wenige bei der Sichel, zu viele sind wie du weggelaufen.

DER PÄCHTER CALLAS Ich bin anderer Ansicht. *Er winkt den Anwälten:* Meine Herren, meine Antwort an die Familie de Guzman lautet: Nein! Ich habe es nicht nötig, Zugeständnisse zu machen. Lesen Sie die heutigen Zeitungen. Ich brauche euch keineswegs mehr die Stiefel zu lecken!

DIE ANWÄLTE Und die zwei Gäule?

DER PÄCHTER CALLAS Ich habe ja die Gäule. Draußen stehen sie. Ich denke nicht daran, die Ehre meiner Tochter, eines tschuchischen Mädchens, preiszugeben.

DIE ANWÄLTE Wie Sie wollen! *Die Anwälte ab.*

**DER HAUSBESITZER CALLAMASSI** *der am Nebentisch gesessen hat:* Haben Sie Ärger, Herr Callas?

**DER PÄCHTER CALLAS** Im Gegenteil. Diese Tschichen sind ein dummes Pack. Jetzt wollen sie mich bestechen. Aber ich habe sie gleich festgenagelt. Sie wollten mir die Pferde eben schenken. Soweit habe ich sie also schon. Aber ich sollte eine unehrenhafte Handlung begehen. Das ist echt tschichisch. Sie glauben, daß man alles und jedes nur vom niedrigsten wirtschaftlichen Standpunkt aus behandeln kann. Oh, wie recht hatte der Statthalter! Mein Herr, die Zeit, wo ich meine Ehre verkaufen mußte, ist vorbei. Ich kann diese Dinge heute nicht mehr von einem so niedrigen Standpunkt aus behandeln. Das mögen sich diese Herren gesagt sein lassen! Wie dumm diese Tschichen sind, können Sie daraus entnehmen, daß ich jetzt die Gäule dafür habe, daß der Tschiche meine Tochter gehabt hat. Das macht mir nicht jeder nach. Meine Tochter sieht ebensogut aus wie ein anderes Mädchen ihres Alters, aber sehen Sie sich einmal diese Gäule an! Ich habe sie draußen stehen. Selbstverständlich war, unter uns, niemals die Rede davon, daß ich für das Mädchen die Gäule bekommen sollte.

**NANNA** *sieht, daß er betrunken ist:* Wollen wir nicht lieber gehen, Vater?

**DER PÄCHTER CALLAS** Das ist ja lächerlich! Herr de Guzman hat eben ein Auge zugedrückt, wenn ich sie benutzt habe. Wer wird auch zwei solche Gäule für ein Mädchen anlegen? Sie müssen sich wirklich die Gäule anschauen!

**DER HAUSBESITZER CALLAMASSI** Herr Callas, es wird mir eine Ehre sein, Ihre Gäule betrachten zu dürfen.

*Nanna zieht ihren Vater an den Rockschößen hinaus. Herr Callamassi folgt den beiden. Man hört eine Radiomeldung: »Das Elektrizitätswerk Mirasonnore ist von der Sichel bedroht. Wird die Hauptstadt heute nacht ohne Licht sein?« Durch die Hintertür stürzen die reichen Pachtherren Saz, de Hoz und Peruiner. Sie sind verwundet. Ihnen nach Frau Cornamontis.*

FRAU CORNAMONTIS  Ach, meine Herren, Sie hätten lieber aufstehen und auf das Wohl des Herrn Callas trinken sollen.
Er ist nun eben mal ein Volksheld.

HERR SAZ  Lassen Sie sofort die Rolläden herunter! Diese Huas
sind hinter uns her!

HERR PERUINER  Wasser und Verbandstoffe!

*Frau Cornamontis bringt Wasser und Verbandstoffe. Die
Herren fangen an, sich Verbände anzulegen.*

HERR SAZ  Wenn erst die Sichel geschlagen ist, muß man diese
Burschen alle aufhängen.

HERR PERUINER  *zu Frau Cornamontis:* Der Arm ist ganz lahm.
Aber machen Sie mir auch einen Verband um den Kopf!

FRAU CORNAMONTIS  Ich sehe keine Wunde auf ihm, mein Herr.

HERR PERUINER  Aber einen Spitz, meine Liebe!

*Es klopft. Ein Mann tritt ein.*

DER MANN  Hier wird ein Arzt gebraucht. Ich bin Arzt.

HERR PERUINER  *brüllt:* Hut ab!

*Der Arzt nimmt den Hut ab. Er hat einen spitzen Kopf.*

HERR PERUINER  Was sind Sie? Sie sind Tschiche!

DER ARZT  *brüllt:* Ich bin ein Arzt!

HERR SAZ
Und findet man Sie hier, erschlägt man uns.
*Der Arzt ab.*

HERR DE HOZ  *zu Peruiner:*
Daß du ein Tschich sein mußt! Kein Mensch hätt uns
Verfolgt.

HERR PERUINER
        Ich bin nicht dieser Ansicht. Nicht mehr.
's ist unser Rock. Daß wir anständig aussehn.
Man gibt uns jetzt der Straße preis, das ist's!
Das sind die Folgen des de Guzman-Urteils!
Nie durften wir als Pachtherrn einen Pachtherrn
Dem Mob preisgeben, weil er Tschiche war.
Wir lieferten den Tschichen aus, der Mob
Griff nach dem Pachtherrn!

HERR DE HOZ

                        Was jetzt tun? Den Bahnhof
Noch zu erreichen ist unmöglich.
*Es klopft. Frau Cornamontis öffnet vorsichtig. Missena tritt*
*ein.*

MISSENA *eifrig:*
    Froh, euch zu finden!

HERR SAZ

                Sehr verbunden. Wirklich
Von oben bis unten sehr verbunden. Angefallen
Auf offner Straße und von euren Leuten!

HERR DE HOZ
    Wie steht die Schlacht?

MISSENA

                   Nicht günstig.

HERR SAZ

                      Sag die Wahrheit!

MISSENA
    Sie ist verloren! Unsere Truppen räumen
Haltlos das Schlachtfeld.

HERR PERUINER

                Und wo ist das Schlachtfeld?

MISSENA
    Der Kampf geht jetzt um Mirasonnore
Und um das Kraftwerk dort.

HERR SAZ

              So nah? Verdammt!

MISSENA
    Seht ihr jetzt, was ihr müßt? Geld müßt ihr schaffen!
Jetzt ist Geld nötig! Geld ist nötig! Geld!

HERR PERUINER
    Geld! Geld! Geld! Geld!
    's ist leicht gesagt. Doch was geschieht damit?

HERR SAZ
    Es waren Iberinleute, die uns stellten!

MISSENA

Ja, dem ist nicht zu helfen, Freunde, der seinem
Leibwächter nicht genug Essen vorsetzt. Das ist
Doch Iberins Einfall, nun die eine Hälfte
Des ärmeren Volkes zu mieten, daß sie uns
Die andere Hälfte eisern niederhält.
Oh, rechne jeder, Tschuch und Tschich, jetzt aus
Was er an Geld aufbringt zu einer Anleih, sonst
Ist jetzt alles hin!
*Das Licht geht flackernd aus.*

HERR SAZ

              Was ist los mit dem Licht?

MISSENA *feierlich:*

Mirasonnore ist gefallen, Freunde!

FRAU CORNAMONTIS *bringt eine Kerze und leuchtet:* Um
Gottes willen, meine Herren, was wird jetzt werden?
Wenn das so weitergeht, haben wir morgen die Sichel hier
in Luma.

HERR DE HOZ

Was kann da helfen?

MISSENA

              Geld kann helfen.

HERR SAZ

                        Geld
Kann nur auftauchen, wo Vertrauen herrscht.
Und hier herrscht keins. Ich sprech nicht von den Prügeln.
Solang man mir mein Hab und Gut schützt, kann man
Mir auch mal auf den Kopf haun aus Versehn.
Doch darum geht's: wie ist es mit der Pacht?

MISSENA

Pacht? Pacht ist Eigentum, und das ist heilig.

HERR PERUINER

Und wie ist's mit den Gäulen dieses Callas?

MISSENA

Was wollt ihr?

HERR SAZ

              Daß ihr eurem Volkshelden den
Prozeß macht! Öffentlich und gleich! Und ihm die
Zwei Gäule absprecht! Öffentlich und gleich!

MISSENA

Schön, wenn ihr zahlt – wir machen den Prozeß.
Ich weiß, Herr Iberin ist sehr bedrückt
Ob dieser niedern Raffgier mancher Pächter.
Doch was hilft Jammern? Vor die Sichel nicht
Zerbrochen ist, kann der sich Pferde nehmen
Und jeder, was ihm fehlt. Helft Iberin
Die Sichel erst zerbrechen, und es kehrt
Zurück de Guzmans Macht und auch de Guzmans Pferd.
Kommt beim Prozeß nicht auf das Todesurteil!
Erwähnt nur seine Gäule, nicht sein Leben.
Dies hängt von jenen ab, nicht umgekehrt!
Kommt nun zu Iberin! Nur eines noch:
Seid mir behutsam, wenn man jetzt von Geld spricht!
Sein hochfliegender Geist verträgt es kaum
Daß man mit niedern Dingen ihn behelligt.
Er glaubt, der tschuchische Geist bezwingt aus sich
Ohn äußere Hilf den Feind. Doch bietet ihr ihm Geld –
Das ja doch nötig ist – vorsichtig an
Selbstlos, begeistert, opferwillig, nimmt er's!

HERR PERUINER

Ein Kopf wie der –
*Er zeigt auf seinen Spitzkopf –*
              ist dort nicht gern gesehn.

MISSENA

In schwerer Stund muß er euch schätzen lernen.

HERR PERUINER

Man nimmt kein Geld von Tschichen dort.

MISSENA *lächelnd:*

                         Man nimmt!
Wollen wir wetten, daß man nimmt? Kommt eilig!

## 7

PALAIS DES VIZEKÖNIGS

*Wieder findet im Hof eine Gerichtssitzung statt. Aber der Hof ist sehr verändert. Ein großer Kronleuchter, ein Teppich, die neuen Kostüme der Beamten sprechen von Reichtum. Der alte Richter trägt eine neue Robe und raucht eine dicke Zigarre. Der Inspektor geht nicht mehr barfuß. Während die Beamten unter der Aufsicht des Herrn Missena den Gerichtssaal aufbauen, singt der Richter zu einer leisen Musik das »Lied von der belebenden Wirkung des Geldes«.*

LIED VON DER BELEBENDEN WIRKUNG DES GELDES

I

Niedrig gilt das Geld auf dieser Erden
Und doch ist sie, wenn es mangelt, kalt
Und sie kann sehr gastlich werden
Plötzlich durch des Gelds Gewalt.
Eben war noch alles voll Beschwerden
Jetzt ist alles golden überhaucht
Was gefroren hat, das sonnt sich
Jeder hat das, was er braucht!
Rosig färbt der Horizont sich
Blicket hinan: der Schornstein raucht!
  Ja, da schaut sich alles gleich ganz anders an.
  Voller schlägt das Herz. Der Blick wird weiter.
  Reichlich ist das Mahl. Flott sind die Kleider.
  Und der Mann ist jetzt ein andrer Mann.

## 2

Ach, sie gehen alle in die Irre
Die da glauben, daß am Geld nichts liegt.
Aus der Fruchtbarkeit wird Dürre
Wenn der gute Strom versiegt.
Jeder schreit nach was und nimmt es, wo er's kriegt.
Eben war noch alles nicht so schwer
Wer nicht grade Hunger hat, verträgt sich
Jetzt ist alles herz- und liebeleer.
Vater, Mutter, Brüder: alles schlägt sich!
Sehet: der Schornstein, er raucht nicht mehr!
    Überall dicke Luft, die uns gar nicht gefällt.
    Alles voller Haß und voller Neider.
    Keiner will mehr Pferd sein, jeder Reiter.
    Und die Welt ist eine kalte Welt.

## 3

So ist's auch mit allem Guten und Großen.
Es verkümmert rasch in dieser Welt
Denn mit leerem Magen und mit bloßen
Füßen ist man nicht auf Größe eingestellt.
Man will nicht das Gute, sondern Geld
Und man ist von Kleinmut angehaucht.
Aber wenn der Gute etwas Geld hat
Hat er, was er doch zum Gutsein braucht.
Wer sich schon auf Untat eingestellt hat
Blicke hinan: der Schornstein raucht!
    Ja, da glaubt man wieder an das menschliche Geschlecht.
    Edel sei der Mensch, gut und so weiter.
    Die Gesinnung wächst. Sie war geschwächt.
    Fester wird das Herz. Der Blick wird breiter.
    Man erkennt, was Pferd ist und was Reiter.
    Und so wird das Recht erst wieder Recht.

*Auf eine schwarze Tafel schreibt der Inspektor groß: »Pro-*
*zeß Kloster San Barabas gegen Pächter Callas. Streitobjekt:*
*2 Pferde.«*
*Leuchtschrift: »Die Regierungstruppen gehen mit frischen*
*Reserven zum Gegenangriff gegen die Sichel vor.«*
*Aus dem Palais tritt Iberin.*

IBERIN

Wie steht die Schlacht?

MISSENA

                    Nun, eine große Wendung.
Der Sichel Vormarsch stockt seit heute nacht
Und heute früh begann der Gegenangriff
Mit neuen Truppen und in der neuen
Ausrüstung, Herr. Die Stadt Mirasonnor'
Wird wohl den Ausschlag geben. Um das Kraft-
           werk
Das vor drei Tagen an die Sichel fiel
Tobt der Entscheidungskampf. – Ihr führt selbst
           den Prozeß?

IBERIN

Ich denke nicht daran. Nichts ist entschieden.
Wenn es ein Sieg ist, fälle ich den Spruch
Und nicht vorher.

MISSENA

                Wir fangen aber an.

IBERIN

Macht's, wie ihr wollt.
*Er geht ins Palais.*

MISSENA

             Unschlüssig wie gewöhnlich!
Wir fangen an. Herr Richter, auf ein Wort!
*Er nimmt den Richter beiseite und redet auf ihn ein, bis die*
*Parteien auftreten. Dann geht er weg.*

DER INSPEKTOR  Prozeß Kloster San Barabas gegen Pächter
Callas. Streitobjekt zwei Pferde.

*Der Pächter Callas, seine Tochter sowie Isabella de Guzman, die Oberin von San Barabas und die Anwälte werden in den Saal gelassen.*

DER PÄCHTER CALLAS  Ich werde ihm schon ein Licht aufstecken, wie seine Ideen ausgeführt werden. Er wird schon sagen, ob ein Tschiche das Recht hat, einem Tschuchen die Gäule wegzunehmen, die er beim Ackern braucht.

NANNA  Da könntest du ja jeden Gaul wegnehmen, der irgendwo steht.

DER PÄCHTER CALLAS  Jeden tschichischen.

DER TSCHUCHISCHE ANWALT *laut:*
Wie steht die Schlacht?

DIE OBERIN
Seit heute morgen günstig.

DER TSCHUCHISCHE ANWALT
Sehr gut. Von ihrem Gang hängt alles ab.

ISABELLA
Ach, Oberin, wenn dieser niedrige Streit
Um Hab und Gut nur schon vorüber wäre!

NANNA  Spitzer Kopf, unnützer Tropf. *Pause.* Aber fromm! Dabei hat sie einen Hintern wie eine Königin. Die ist gut genährt, die würde hübsch was aushalten. Aber das kommt ja nicht in Frage, daß so eine arbeitet. *Zu Callas:* Und du zahlst es.

DER PÄCHTER CALLAS  Ich? Ich zahle gar nichts. *Zu den Frauen:* Von mir kriegt ihr nichts mehr heraus.

DIE OBERIN  Liebes Kind, es wird gut für dich sein, wenn du in unserem stillen Stift sein kannst.

NANNA  Ja, das wird ihr gut tun. Die Ziege muß sich ja vom Nichtstun erholen.

DER PÄCHTER CALLAS  Tschichisches Pack!

NANNA  Der alte Richter ist wieder da. Das ist schlecht.

DER PÄCHTER CALLAS  Schlecht ist nur, daß heute keine Leute da sind. Aber das werden wir ja doch sehen, wer da recht bekommt heute.

DIE OBERIN  Ja, lieber Mann, das werden wir allerdings sehen.

NANNA  Jedenfalls wird erst einmal der Herr Bruder auf-
geknüpft.

*Isabella wird es übel.*

NANNA  *schreit:* Die braucht wohl zwei Gäule, damit sie ihren
Nachtkasten ins Kloster schafft.

DIE OBERIN  Sie sind jetzt ruhig. *Sie tritt auf Callas zu.* Sie bil-
den sich wohl etwas darauf ein, daß Ihr Kopf rund ist? Sie
meinen, dann brauchen Sie nicht mehr zu zahlen? Wissen Sie,
an wen Sie zahlen werden?

DER PÄCHTER CALLAS  An Tschichen nicht.

*Die Oberin nimmt seine Hand und legt sie sich auf den
Kopf.*

NANNA  Was meinen Sie damit?

DIE OBERIN  Das eben werden Sie sehen. Jedenfalls sind unsere
Köpfe auch rund.

NANNA  *zu ihrem Vater:* Es scheint schlecht zu stehen mit der
Sichel. Und hier sieht es auch anders aus als vor acht Tagen.
Sie haben Zaster hereinbekommen. Das ist nicht gut für uns.

DER PÄCHTER CALLAS  Ich verlasse mich ganz auf Herrn Iberin.

*Leuchtschrift: »Das kürzlich ergangene Todesurteil gegen
einen großen Pachtherrn wirkte stark auf die Pächter. Viele
halten sich jetzt der Sichel fern und bleiben auf ihren Pacht-
höfen.«*

DER RICHTER  Herr Iberin ist sehr beschäftigt, jedoch wird er
es sich nicht nehmen lassen, in dem Rechtsfall selbst zu entscheiden, da er in unserer Hauptstadt viel besprochen wird
und die Frage des Eigentums aufwirft.

DER PÄCHTER CALLAS  Ich möchte betonen, daß ich mich auf
den Ausspruch des Herrn Statthalters stütze, die Pacht sei in
Zukunft nebensächlich. Ferner auf den Ausspruch: Was sind
zwei Gäule! Außerdem darauf, daß an mir ein Unrecht verübt worden ist.

DER RICHTER  Eins nach dem andern, Freund. Wir hören zunächst den Anwalt der Familie de Guzman.

DER TSCHUCHISCHE ANWALT Der Mann hat nicht den geringsten Anspruch auf die Gäule.

NANNA Das Fräulein hat den Anspruch: sie muß zu Pferd beten.

DER RICHTER Ruhe! – Sie können jetzt ausführen, warum Sie die Gäule an sich genommen haben.

DER PÄCHTER CALLAS Als meine Tochter damals vom Pachtherrn mißbraucht wurde, wurde das ausgemacht, daß ich die Pferde bekommen sollte.

DER TSCHUCHISCHE ANWALT
Dann war's ein Handel?
*Der Pächter Callas schweigt.*
                    Also war's ein Handel.
Wir haben dir gesagt: gib uns die Tochter
Wir geben dir die Pferde dafür? Ganz unmöglich!
Unmöglich auch, daß du die Tochter gäbest
Für die zwei Pferde. Oder nicht unmöglich?

DER PÄCHTER CALLAS
Es war kein Handel.

DER TSCHUCHISCHE ANWALT
                    Was war es dann?

DER PÄCHTER CALLAS *zu Nanna:*
                    Was meint er?

NANNA Du behauptest, du hast sie als Geschenk empfangen.

DER TSCHUCHISCHE ANWALT
Wann?

DER PÄCHTER CALLAS
        Was heißt das, wann?

DER TSCHICHISCHE ANWALT
                    Nun, wann? Vor- oder nachher?

DER PÄCHTER CALLAS Ich antwort keinem Tschichen. *Er sieht sich beifallheischend um, begegnet aber nur steinernen Gesichtern.* Es ist sicher eine Schlinge, Herr, in der ich mich fangen soll. Das sind so spitzfindige Fragen, die aus spitzen Köpfen kommen.

DER RICHTER

    Wenn du sie vorher ausbedungen hättest –

    Auch ich beanstand diese Frage –, wärst du

    Der Kuppler deiner eigenen Tochter. Das Gericht

    Nimmt an, es sei nachher geschehen, daß

    Dein Pachtherr dir, damit du schweigst, die Pferde

    Als Pflaster gab: ein Pflaster auf das Unrecht.

DER PÄCHTER CALLAS   Ja, es war nachher. Es war ein Pflaster.
Als mir damals das Unrecht angetan wurde, waren die Gäule
das Pflaster.

    *Leuchtschrift: »Günstiger Verlauf der Schlacht im Süden.*
    *Die Sichel beschränkt sich auf die Defensive.«*

DER TSCHICHISCHE ANWALT *leise zum andern:*

    Amtlich kein Wort von Tschich und Tschuch heut!

DER TSCHUCHISCHE ANWALT *zurück:*

                               Hab's bemerkt.

    *Zum Gericht gewendet:* Hoher Gerichtshof, auch wir stehen
auf dem Standpunkt, daß unser Fall von grundlegender Be-
deutung für das Land ist. Man könnte sagen: was spielen
zwei Pferde mehr oder weniger für eine Rolle für einen der
größten Gutsbesitzer der Insel? Es ist jedoch nicht so.

    Wenn man d i e Pferde an d e n Pächter gibt

    Dann nehmen alle Pächter alle Pferde.

NANNA   Und die Ziege kann nicht ins Kloster, wo sie sich vom
Nichtstun erholen muß.

DIE OBERIN *sehr laut:*

    Im Süden treibt der Pächter uns den Gaul

    Aus unsern Ställen und den Pflug dazu.

    Und schreiend, ihm geschäh ein Unrecht, nimmt er

    Den Acker weg und nennt's ein Unrecht, daß

    Ihm Pferd und Acker gestern nicht gehört hat!

DER TSCHUCHISCHE ANWALT   Hoher Gerichtshof, im Gefängnis
sitzt seit gestern ein Mann, ebenfalls Pächter. Ich bitte, ihn
herholen zu lassen.

    *Der Richter nickt.*

DER INSPEKTOR *ausrufend:* Pächter Parr!

NANNA Was wollen die hier mit Parr?

DER PÄCHTER CALLAS Darauf kommt es gar nicht an, das sind nur Tricks.

*Hereingeführt wird in schweren Ketten der Pächter Parr.*

DER TSCHUCHISCHE ANWALT Sie sind mit Herrn Callas in das Kaffeehaus der Frau Cornamontis gekommen, als dieser die Gäule brachte?

DER PÄCHTER PARR Jawohl.

DER TSCHUCHISCHE ANWALT Sie sind ebenfalls ein Pächter der Familie de Guzman?

DER PÄCHTER PARR Jawohl.

DER TSCHICHISCHE ANWALT Von dem Kaffeehaus sind Sie fünf Stunden zu Fuß in Ihren Heimatort zurückgegangen und haben vom Gutshof der Familie de Guzman zwei Pferde weggetrieben?

DER PÄCHTER PARR Jawohl.

DER TSCHUCHISCHE ANWALT Mit welcher Begründung?

*Der Pächter Parr schweigt.*

DER TSCHUCHISCHE ANWALT Sie haben keine Tochter, Herr Parr?

DER PÄCHTER PARR Nein.

DER TSCHUCHISCHE ANWALT Es war also kein Geschenk der Familie de Guzman? *Der Pächter Parr schweigt.* Warum haben Sie sich die Pferde angeeignet?

DER PÄCHTER PARR Weil ich sie brauche.

*Die Anwälte lächeln sich zu.*

DER RICHTER Aber das ist doch kein Grund, Mann Gottes!

DER PÄCHTER PARR Für Sie vielleicht nicht, aber für mich! Da mein Acker eigentlich ein Sumpf ist, muß ich zum Pflügen Gäule haben, das kann doch jeder verstehen.

DER TSCHICHISCHE ANWALT Herr Callas, ist Ihr Acker auch ein Sumpf?

*Der Pächter Callas schweigt.*

DER PÄCHTER PARR Genau so.

DER TSCHUCHISCHE ANWALT  Herr Callas, haben Sie die Gäule ebenfalls gebraucht?

DER PÄCHTER CALLAS  Jawohl, das heißt nein. Ich meine, ich habe sie nicht genommen, weil ich sie gebraucht habe, sondern weil sie mir geschenkt wurden.

DER TSCHUCHISCHE ANWALT  Sie billigen also nicht das Vorgehen Ihres Freundes?

DER PÄCHTER CALLAS  Nein, das tue ich nicht. *Zu Parr:* Wie kannst du die Gäule einfach wegnehmen? Du hattest nicht das geringste Recht dazu.

DER PÄCHTER PARR  Recht hattest du auch keines.

DER TSCHUCHISCHE ANWALT  Wieso? Wieso hatte Herr Callas kein Recht dazu?

DER PÄCHTER PARR  Weil ihm die Gäule auch nicht geschenkt wurden.

DER PÄCHTER CALLAS  Das kannst du doch nicht wissen! Wie kannst du so etwas sagen?

DER PÄCHTER PARR  Da müßte ja der de Guzman viele Gäule haben, wenn er für jedes Weib zwei Gäule hergeben sollte!

DER TSCHUCHISCHE ANWALT  Hohes Gericht! Der Pächter Parr gibt in aller Einfalt die Auffassung wieder, die in den Kreisen der Pächter bezüglich der Frage herrscht, ob Schenkungen größeren Ausmaßes in einem Falle wie dem der Nanna Callas landesüblich sind. Hoher Gerichtshof, ich möchte jetzt einen Zeugen aufrufen, dessen Aussage Sie sehr überraschen wird. Dieser Zeuge wird aussagen, was Herrn Callas' eigene Meinung über die Frage ist, ob Pachtherren so leicht Pferde wegschenken.

NANNA  Wen haben sie da wieder aufgegabelt? Im Kaffeehaus hast du eine Menge dummes Zeug geredet.

DER PÄCHTER CALLAS  Jetzt geht es schief! Daran ist nur dieser Dummkopf Parr schuld. Er hat mir alles verdorben.

*Auftritt der Hausbesitzer Callamassi.*

DER TSCHUCHISCHE ANWALT  Bitte, wiederholen Sie die Sätze, die der Callas Ihnen gegenüber im Kaffeehaus fallen ließ.

NANNA Du mußt sofort protestieren!

DER PÄCHTER CALLAS Dieser Zeuge, Hoher Gerichtshof, gilt überhaupt nicht! Was ich da vielleicht sagte, war privat.

DER TSCHUCHISCHE ANWALT Und was sagte Herr Callas?

DER HAUSBESITZER CALLAMASSI *in einem Atem:* Herr Callas sagte: Selbstverständlich war, unter uns, niemals die Rede davon, daß ich für das Mädchen die Gäule bekommen sollte. Das ist ja lächerlich! Herr de Guzman hat eben ein Auge zugedrückt, wenn ich sie benutzt habe. Wer wird auch zwei solche Gäule für ein Mädchen anlegen? Sie müssen sich wirklich die Gäule anschauen.

DER RICHTER *zu Callas:* Haben Sie das gesagt?

NANNA Nein.

DER PÄCHTER CALLAS Ja, das heißt nein, ich war betrunken, Hoher Gerichtshof, alle Leute tranken mir zu wegen meines Sieges im Prozeß gegen meinen Pachtherrn, und niemand gab mir dazwischen etwas zu essen.

DER RICHTER Das klingt gar nicht gut, Herr Callas. Vielleicht überlegen Sie es sich auf die Aussage hin, ob Sie nicht lieber freiwillig auf die Pferde verzichten wollen?

NANNA Das tust du aber nicht!

DER PÄCHTER CALLAS Niemals, Hoher Gerichtshof, da ich dazu nicht in der Lage bin. *Laut:* Ich beantrage, daß der Statthalter selber das Urteil spricht, da es sich nicht um gewöhnliche, sondern um tschichische Pferde handelt. Ja, das ist es, es handelt sich um tschichische Pferde!

*Leuchtschrift:* »*Gerüchte melden, daß der Statthalter von der Front allergünstigste Berichte erhalten hat.*«

*Aus dem Palais tritt Iberin.*

DER RICHTER Herr Statthalter, der Pächter Callas verlangt in dem Rechtsstreit um die Pferde des Klosters San Barabas Ihr Urteil.

IBERIN *ist halb vorgetreten:*

Was willst du noch? Hab ich nicht alles getan

Was du verlangen konntest? Die Ehre dir

Zurückverschafft? Und einen Mann verurteilt
Der dir zu nah trat? Und ich sah nicht drauf
Ob er ein reicher, du ein armer Mann warst!
Ich hob dich hoch. Und du, bliebst du auf solcher Höh?
Ich weiß von deinem Anschlag, und ich warn dich!

DER PÄCHTER CALLAS Ich möchte darauf aufmerksam machen,
daß die Gäule, die ich zum Ackern brauche, in tschichischen
Händen waren.

OBERIN Ich möchte darauf aufmerksam machen, daß sie jetzt
in tschuchischen sind.
Es handelt sich um unsere Pferde, Herr.
Und wir sind Tschuchen. Wären's Tschichenpferde
So wär doch Eigentum noch Eigentum!
Wer darf das stehlen? Herr, da stehn zwei Pferde.
Man geht drum rum. Man prüft. Man schätzt. Sieht man
Ihnen ins Maul schauend, eine Tschichenhand?
Mitnichten, Herr. Denn, Herr, was ist ein Pferd?
Ist es ein tschichisch, ist's ein tschuchisch Ding?
's ist keins von beiden! 's ist etwas, was hundert
Und soundsoviel Pesos wert ist, 's könnte
Auch Käse oder Stiefel sein für hundert
Und soundsoviel Pesos! Kurz, was dort
Mit seinen Hufen scharrt, sind hundert Pesos!
Und zwar sind's Klosterpesos! Auf ihnen liegt
Zufällig eine Pferdehaut. Doch so
Wie auf den Pferden eine Haut liegt, liegt
Auch noch ein Recht darauf: Es sind Klosterpferde.

DER TSCHUCHISCHE ANWALT Da nämlich dem Kloster durch
Schenkung die Hälfte allen lebendigen und toten Inventars
der de Guzmanschen Güter gehört, aus dem die zwei Pferde
stammen.

DER PÄCHTER CALLAS Als ich die Pferde nahm, gehörten sie
jedenfalls noch nicht dem Kloster.

ISABELLA *plötzlich rasend:* Aber auch nicht dir, du Vieh!
Nimm die Mütze ab!

NANNA  Sie haben hier nichts zu sagen!

DER PÄCHTER CALLAS  Die ganze Sippschaft weiß noch nicht einmal, wie man Gäule einspannt.

ISABELLA  Nimm die Mütze ab! Das sind unsere Gäule! Die Mütze ab!

DER PÄCHTER CALLAS  Ich stütze mich auf den Ausspruch des Statthalters: Hier gilt nicht arm noch reich!

ISABELLA  Das tun wir auch! Nimm die Mütze ab!

IBERIN

Ja, nimm sie ab!

*Callas nimmt die Mütze ab.*

Dies muß ein Ende haben!

*Zu den Pachtherren:*

Ich hör, es lauf in Luma ein Gerücht
Daß ich, weil ich den tschichischen Pachtherrn strafte
Ein Feind der Pachtherrn sei. Nun, nichts ist falscher.
Nicht gegen Eigentum erging mein Urteil
Nur gegen seinen Mißbrauch. Und du, Bauer
Von allem, was bewegt des Tschuchen Brust
Hast du begriffen nur, daß du was kriegen mußt!
Willst du für deine Ehre Pferde nehmen?
Als wär's ein guter Tausch? Du sollst dich schämen.

DER TSCHUCHISCHE ANWALT *scharf:* Herr Statthalter! Hoher Gerichtshof! Meine Klientel, das Kloster San Barabas, bietet den Beweis an, daß der Callas ein aufrührerisches Element ist.

DER TSCHICHISCHE ANWALT  Herr Callas hat vorhin sehr energisch den Pferderaub, den sein Freund Parr begangen hat, verurteilt. *Zum Zeugen Callamassi:* In dem Kaffeehaus soll aber Herr Callas ein bestimmtes Lied gesungen haben, das alle Anwesenden in große Erregung versetzte?

DER HAUSBESITZER CALLAMASSI  Jawohl. Es war das verbotene Was-man-hat-hat-man-Lied.

NANNA *zu ihrem Vater:* Jetzt bist du geliefert.

DER TSCHUCHISCHE ANWALT Ich beantrage, daß der Angeklagte Callas sein Lied hier wiederholt.

IBERIN *zu Callas:* Hast du das Lied gesungen?

DER PÄCHTER CALLAS Nein, das heißt ja. Ich war betrunken, Hoher Gerichtshof, alle Leute tranken mir zu, und niemand gab mir dazwischen etwas zu essen.

IBERIN Wiederhole das Lied!

DER PÄCHTER CALLAS Es ist eigentlich gar kein Lied, es sind nur ein paar Strophen.

IBERIN Sing sie!

DER PÄCHTER CALLAS Jawohl.

*Er schweigt.*

IBERIN Du sollst singen!

DER PÄCHTER CALLAS *finster:* Ich bin heiser.

DER TSCHUCHISCHE ANWALT Wir erwarten hier keinen Kunstgenuß.

IBERIN Sing!

DER PÄCHTER CALLAS Ich habe es nur einmal gehört, so daß ich mich nicht genau erinnern kann. Ungefähr war es so. *Er wiederholt das Lied, einzig und allein die Worte »Heil Iberin« betonend.*


DAS WAS-MAN-HAT-HAT-MAN-LIED

1
Es war einmal ein Mann
Der war sehr übel dran.
Da sagte man ihm: Warte!
Da wartete der Mann.
Das Warten war sehr harte.
  Heil Iberin! Aber
  Nur
  Was man hat, hat man!

**2**

Der Mann war schon ganz schwach
Da macht' er einen Krach.
Er war ein böser Knochen.
Man gab ihm schleunigst nach:
Man hat ihm was versprochen.
    Heil Iberin! Aber
    Nur
    Was man hat, hat man!


**3**

Es war einmal ein Mann
Dem schaffte man nichts ran.
Da tat er's an sich reißen.
Jetzt frißt er, was er kann
Und kann auf alles scheißen.
    Heil Iberin! Aber
    Nur
    Was man hat, hat man!


DIE OBERIN *laut:* Wenn das nicht Aufruhr ist!

DER RICHTER Es ist sogar fraglich, ob dieses Lied nicht eine direkte Beleidigung der Regierung darstellt.

IBERIN Die Pferde sind ihm abzusprechen.

DER RICHTER Die Pferde sind dir abgesprochen. *Er geht weg.*

DER PÄCHTER CALLAS Herr, so soll ich die Gäule nicht bekommen?

IBERIN Nein. Recht ist Recht. Für dich wie jeden andern.

DER PÄCHTER CALLAS Dann will ich euch etwas sagen: ich scheiß auf euer Recht, wenn ich die Gäule nicht bekomme, die ich zum Ackern brauche! Das ist kein Recht! Das ist kein Recht für mich, wenn ich die Gäule nicht kriege, die ich brauche! Das ist ein Pachtherrenrecht! Dann muß ich eben zur Sichel! Da kriege ich meine Gäule!

*In diesem Augenblick beginnen die Glocken zu läuten. Von fernher das Geräusch einer großen Menschenmenge.*

EINE STIMME *hinten:* Die Sichel ist zerbrochen!

DER TSCHUCHISCHE ANWALT Sieg!

*Auftritt Missena mit einem Mikrophon.*

MISSENA

Herr Iberin, der Pächteraufstand ist
Mit Gottes Hilfe blutig niederschlagen!

DIE OBERIN *leise Beifall klatschend:*

Bravo!

IBERIN *am Mikrophon:*

Die Pächtersichel liegt am Boden! Gierige Hände
Greifend nach fremdem Gut, sind abgehaun.
Das ist des Tschuchen innerste Natur
Daß ihm das Eigentum geheiligt ist.
Und lieber hungert er und frettet sich
Eh er, ein Lump, von fremdem Teller ißt.
Schon das Gesindel, das am Staat sich mästet
Mit »Gott erbarm« und »Können nichts dafür«
»'s gibt keine Arbeit, gebt uns was zu essen.«
Man wirft ihm seinen Brocken hin. Gut. Aber
Für mich ist so ein Tschuch kein Tschuche mehr.
Er sei gefüttert und er sei verachtet.
Doch wer da fordert, was ihm nicht gehört
Die Erd sein nennt, nur weil er sie bebaut
Und Pferd und Handwerkszeug, nur weil er's braucht
Wer so an fremdem Gut sich frech vergreift
Den soll man rechtens in der Luft zerreißen!
Denn solch ein Mensch teilt unser einiges Volk
Uns in zwei Teile! Künstlich! Nur von Gier getrieben!
Nur Gier erzeugend! Eh'r ist nichts getan
Eh nicht im Staub zerbrach die letzte Sichelfahn!

*In diesem Augenblick geht das Licht im Kronleuchter an.*

EINE STIMME *hinten:* Die Stadt Mirasonnore ist entsetzt! Das Elektrizitätswerk in den Händen der Regierung! Hoch Iberin!

IBERIN Und so wird's Licht! *Zu Callas, den Mikrophonteller*
*mit der Hand zuhaltend:*
Du aber, Bauer, geh jetzt heim und ackre
Und laß die Sorg fürs Ganze denen, die
Das Ganze überblicken! Sag, wenn's dir
Nicht ausreicht: du bist's, der nicht ausreicht, du!
Dein Fleiß ist's, nicht dein Jammer, was wir brauchen!
Was deinem Boden mangelt, das bist du!
Und was dein Boden nicht hergibt, gib du her!
Geh, Bauer, und gib, anstatt nur zu begehren
Damit wir dich mit Recht als Bauer ehren!
*Er wendet sich ab und schreitet ins Haus, gefolgt von Mis-*
*sena. Alle ab, außer Callas und Nanna.*
*Leuchtschrift: »Die Sichel ist in voller Auflösung. Die Päch-*
*ter räumen fluchtartig die widerrechtlich angeeigneten*
*Pachthöfe.«*
DER PÄCHTER CALLAS Hast du gehört, der Hund hat mich zum
Tod verurteilt.
NANNA Das habe ich nicht gehört. Die Gäule hat er dir ab-
gesprochen.
DER PÄCHTER CALLAS Das ist das gleiche.
*Das Geläute der Glocken dauert an.*

8

GASSE DER ALTSTADT

*Die Glocken läuten immer noch. Der Tabakhändler steht unter*
*seiner Ladentür. Die Tür der Viktualienhandlung rechts geht*
*auf, und heraus tritt die dicke Frau mit vielen Schachteln und*
*Koffern.*

DIE DICKE FRAU Was ist das für ein Glockengeläute, Herr Palmosa?

DER TABAKHÄNDLER PALMOSA Siegesglocken, Frau Tomaso! Die Pächter von der Sichel sind mit Gottes Hilfe blutig niedergeschlagen. Das ist ein großer Sieg!

DIE DICKE FRAU So? Ich muß leider ausziehen, weil ich meine Ladenmiete nicht bezahlen kann.

DER TABAKHÄNDLER PALMOSA Konnten Sie nicht so lange durchhalten, bis die großen Pläne der neuen Regierung ausgeführt werden?

DIE DICKE FRAU Nein. *Sie setzt sich noch für einen Augenblick auf ihre Koffer.* Fünfunddreißig Jahre habe ich hier gewohnt!

DER TABAKHÄNDLER PALMOSA Ich muß wahrscheinlich auch heraus. Gott sei Dank bekommt wenigstens mein Sohn, der doch bei der tschuchischen Legion ist, jetzt bald eine anständige Löhnung.

DIE DICKE FRAU Dieser Herr Iberin war für mich eine schwere Enttäuschung. Er sieht so energisch aus.

DER TABAKHÄNDLER PALMOSA So schnell geht es eben nicht mit dem Aufbau! Vielleicht ist auch Ihr kleines Opfer nötig, Frau Tomaso, damit Jahoo auf einen grünen Zweig kommt.

DIE DICKE FRAU Das einzige, was er erreicht hat, ist, daß wenigstens der Tschiche von drüben abgeholt wurde!

*Ein Mann von sehr scheuem Wesen mit einem großen Hut ist die Straße heruntergekommen. Er schließt die Ladentür des Viktualienladens links auf. Es ist der tschichische Händler.*

DIE DICKE FRAU *mit ihren Koffern abgehend:* Ich verstehe die Welt nicht mehr!

*Glockenläuten. Aus dem Viktualienladen links tritt wieder der tschichische Händler. Er hat nur seine Koffer geholt und geht jetzt ebenfalls ab: auch er muß seinen Laden schließen. Der Hausbesitzer Callamassi kommt die Straße herunter.*

DER HAUSBESITZER CALLAMASSI Ich komme eben vom Prozeß.

Große Neuigkeit: dem Callas sind die Pferde abgesprochen worden.

DER TABAKHÄNDLER PALMOSA Was Sie nicht sagen! Und der Pachtherr?

DER HAUSBESITZER CALLAMASSI Vom Pachtherrn ist nicht gesprochen worden.

DER TABAKHÄNDLER PALMOSA Meinen Sie, er geht frei aus? Das sagt viel.

DER HAUSBESITZER CALLAMASSI Soll das etwa eine Kritik an der Regierung bedeuten, Herr Palmosa?

DER TABAKHÄNDLER PALMOSA Herr Callamassi, mein Geschäft ist es, Zigarren zu verkaufen, und nicht, die Regierung zu kritisieren.

DER HAUSBESITZER CALLAMASSI *ins Haus gehend:* Hüten Sie sich, Herr Palmosa! Der Statthalter hat sehr ernst über die unzufriedenen Elemente gesprochen. Übrigens, Ihre Miete ist immer noch nicht eingelaufen.

*Der Tabakhändler Palmosa läuft hinüber zum Kaffeehaus und klingelt Frau Cornamontis heraus.*

DER TABAKHÄNDLER PALMOSA *Frau Cornamontis eigentümlich anblickend:* Frau Cornamontis, dem Callas sind die Gäule abgesprochen worden.

FRAU CORNAMONTIS Dann werde ich ja wohl bald hier einen Besuch bekommen. *Wieder hinein.*

DER TABAKHÄNDLER PALMOSA *geht in seinen Laden zurück:* Das ist der Wandel der Zeiten.

*Die Gasse herunter kommt der Pächter Callas mit seiner Tochter, die einen Koffer trägt.*

NANNA Jetzt wären wir wieder so weit. Das ist das Haus. Hier standen die Leute und sagten: Wie kommt ein tschuchisches Mädchen in so ein Haus! Es ist unwürdig, schrien sie. Aber weil man die schönsten Wörter nicht essen kann, muß ich froh sein, wenn ich wieder hier unterkomme.

DER PÄCHTER CALLAS Sie werden ganz zufrieden sein, wenn du wiederkommst.

NANNA  Das weiß ich nicht.

DER PÄCHTER CALLAS  Hoffentlich sieht uns niemand hier von diesen Iberinleuten. Sonst sperren sie mich noch ein, weil ich mich nicht als Volksheld aufführe. *Sie schellen.* Warum öffnet denn niemand?

NANNA  Vielleicht wurde es doch noch zu guter Letzt vom Gericht geschlossen?

DER PÄCHTER CALLAS  So, jetzt ist es recht! Jetzt kann ich dich durchfüttern durch den Winter!

FRAU CORNAMONTIS  *kommt heraus:* Ach, Nanna!

NANNA  Guten Tag, Frau Cornamontis!

DER PÄCHTER CALLAS  Guten Tag, Frau Cornamontis!

NANNA  Frau Cornamontis, die Erwartungen, die mein Vater betreffs meiner Zukunft gehegt hat, sind leider nicht in Erfüllung gegangen. Ich hätte es ihm gleich sagen können. Aber eine ganz ungewöhnliche Gerichtsverhandlung, in deren Mittelpunkt wir standen, hatte in ihm, wie Sie wissen, übertriebene Hoffnungen erweckt. Mein Vater bittet Sie, mich wieder bei sich aufzunehmen.

FRAU CORNAMONTIS  Ich weiß nicht, ob ich dich wieder nehmen soll.

NANNA  Ach, Frau Cornamontis, der Lauf der Welt ist sonderbar. Vor zwei Tagen haben mich die Leute auf den Schultern aus dem Gerichtssaal getragen und mir dabei ein Paar neue seidene Strümpfe zerrissen. Dabei kann ich noch von Glück sagen, denn solche Dinge gehen für gewöhnlich noch übler aus. Alle die kleinen Leute, die gestern und heute so herumbrüllten, werden bald wieder aufwachen. Acht Pesos verdienen und für achtzig Pesos Krach machen, wie soll das gut ausgehen!

FRAU CORNAMONTIS  So etwas bleibt doch immer obenauf! *Betrachtet die zurückgekehrte Nanna.* Nur wenige Tage aus meinem Haus und schon so vernachlässigt! Ich kann wieder ganz von vorn anfangen mit der Erziehung! Wozu habe ich dir das teure Geld für Körperpflege nachgeworfen, wenn schon nach drei Tagen alle Anmut zum Teufel ist? Der Strumpf hängt herunter! Und was hast du wieder in dich hineingefressen die Tage! Dein Teint ist nicht zum Anschauen! Und dieses neue Lächeln kannst du dir nicht einfach abwaschen! Dieses Mädchen hat gelächelt wie eine Aphrodite, jetzt grinst es! Und diese schweinischen Bewegungen mit der Hüfte, wie eine Strichhure! Ich werde es mir sehr überlegen müssen. Das einzige, was für dich spricht, ist, daß die Herren Mädchen bevorzugen, die gestern noch unerreichbar schienen. Vielleicht versuche ich es noch einmal mit dir. *Sie geht ins Haus.*

DER PÄCHTER CALLAS Also, liebe Nanna, die Stunde der Trennung schlägt wieder. Ich freue mich, daß ich dich wieder einmal getroffen habe und mich dabei überzeugen konnte, daß es dir gar nicht so übel geht, jedenfalls besser als deinen armen Eltern! Solltest du in der nächsten Zeit etwas erübrigen können, so wären wir dir dankbar. Immerhin haben deine liebe Mutter und ich dir die Möglichkeit gegeben, hier dein Fortkommen zu finden. Wolle das nicht vergessen.

NANNA Guten Tag, lieber Vater, wir haben jedenfalls einige schöne Tage mitsammen verlebt. Mach aber jetzt keine Dummheiten mehr und geh schnell heim.

*Sie geht hinein.*

DER TABAKHÄNDLER PALMOSA *tritt aus dem Laden, wo er gelauscht hat:* Sind Sie nicht der »Callas mit den Gäulen«?

DER PÄCHTER CALLAS Ja, »Callas mit den Gäulen«, so nannte man mich. Aber diese Gäule waren ein Dreitagetraum. Damals war die Sichel noch im Aufstieg, aber dann hat sie leider nachgelassen.

DER TABAKHÄNDLER PALMOSA Haben Sie wenigstens Erfolg gehabt mit Ihrer Anregung in dem Prozeß gegen den de Guzman, daß die Pacht gestrichen werden soll?

DER PÄCHTER CALLAS *erschrocken:* Die Pacht? Richtig! Davon ist ja in dem Trubel überhaupt nicht mehr die Rede gewesen. Das muß ich sofort in Erfahrung bringen! Mensch!

DER TABAKHÄNDLER PALMOSA  Wo? Wo werden Sie das in Erfahrung bringen?

DER PÄCHTER CALLAS  Wo?

DER TABAKHÄNDLER PALMOSA  Am besten ist es, Sie gehen sofort zum Herrn Iberin.

DER PÄCHTER CALLAS  Zum Iberin? Zu dem gehe ich nicht mehr, mein Lieber. Aber herausbringen muß ich es. *Er geht weg, immer mehr ins Laufen kommend.*

DER TABAKHÄNDLER PALMOSA  Wohin laufen Sie denn?

*Er geht kopfschüttelnd in seinen Laden zurück. Isabella de Guzman, die Oberin von San Barabas und die Anwälte kommen vom Prozeß.*

DIE OBERIN

Ich denke, aus dem Gröbsten sind wir. Eben
Flüsterte mir Herr Peruiner zu
Er lasse Ihren Bruder grüßen. Jetzt
Sei alles ja im Lot. Ja, und Herr Saz
Sagte bedeutungsvoll: Wenn unsere Truppen
Einziehen in die Hauptstadt, werden sie
Herrn Iberin eine Überraschung bringen.
Er lachte dabei.

DER TSCHUCHISCHE ANWALT

        Alles steht sehr gut.

*Die Straße herunter kommen der Inspektor und ein Hua mit Emanuele de Guzman in Ketten. De Guzman hat ein großes Pappschild um den Hals, auf dem steht: »Ich bin ein Tschiche und habe ein tschuchisches Mädchen geschändet und bin dafür zum Tode verurteilt.«*

ISABELLA

        Was ist das?

DER TSCHUCHISCHE ANWALT  Herr de Guzman! Herr de Guzman, ich gratuliere! Alles in Ordnung.

DIE OBERIN

Die Pferde sind dem Pächter abgesprochen.

DER TSCHICHISCHE ANWALT
  Und dies bedeutet, daß die Güter wieder
  Ganz sicher sind.

HERR DE GUZMAN
                    Und ich?

DER TSCHUCHISCHE ANWALT
                          Ach, das wird auch jetzt
  In Ordnung kommen. Davon sprach man gar nicht.

ISABELLA
  Emanuele, warum sagst du nichts?
  Und blickst so bleich? Und warum diese Ketten?
  Und dieses Schild, warum?

DIE OBERIN
                    Formsach' vermutlich!

ISABELLA
  Ach, Bruder, sprich! Wo führen sie dich hin?
  Sei nicht so stumm!

HERR DE GUZMAN
                    Ich bin verloren, Schwester!
  Ich komm nach Heilig Kreuz!

ISABELLA
                    Nein!

DER TSCHUCHISCHE ANWALT *zum Inspektor:*
                          Ist das wahr?

DER INSPEKTOR Herr, es ist wirklich kein gutes Zeichen. Aus
  dem Gefängnis Heilig Kreuz ist noch keiner lebend wieder
  herausgekommen.

HERR DE GUZMAN
  O Gott, ich geh nicht weiter, keinen Schritt!
  *Er setzt sich auf den Boden.*

ISABELLA
  's ist also wahr? Ach, Oberin, das war es
  Was mir im Kopf herumging all die Zeit.
  Jetzt weiß ich es. Ob all dem Trubel und Feilschen
  Um diese Pferde haben wir ihn vergessen.

Die Pferd sind ihm gerettet jetzt. Doch er
Ist uns verloren.

HERR DE GUZMAN

                Ja, mich hängt man.

DER TSCHUCHISCHE ANWALT

                           Unsinn.

Nach diesem Sieg!

DIE OBERIN

              Hörst du die Glocken, mein Sohn?

Das ist dein Sieg!

ISABELLA

           Nein! Warum sprecht ihr so?
Es steht nicht gut. Und jetzt erinnr' ich mich:
Ein Mann trat zu mir in dem Siegestrubel
Und sagte mir, ich sollte meinen Bruder
Jetzt nicht vergessen. Das Gesetz lauf manchmal
Auf so mechanische Art. Und danach bot er
Mir seine Hilfe an.

DER TSCHUCHISCHE ANWALT

              Wie sah er aus?

ISABELLA

Ein großer Mann von tierischem Aussehn.

DER TSCHUCHISCHE ANWALT

                         Das ist

Der Zazarante, Iberins rechte Hand.

DER INSPEKTOR

Der Kommandant von Heilig Kreuz!

DER TSCHUCHISCHE ANWALT

                    Sprach er
Nicht noch genauer? Zeitpunkt? Ort des Treffens?

ISABELLA

Er gab mir eine komische Zeit: früh fünf Uhr.
*Pause.*

HERR DE GUZMAN

Schwester, das ist die Rettung.

ISABELLA

                          Emanuele . . .

HERR DE GUZMAN

    Er hat für dich Interesse. 's ist ein Antrag.
    Die Sach' besprechen, zwischen fünf und sechs!
    Die Sprechweis' kenn ich. Ich besprach die Pacht . . .
    Du mußt hingehen.

ISABELLA

                      Bruder!

HERR DE GUZMAN

                              Widersprich nicht!

DIE OBERIN

    Nun, Herr de Guzman, das ist stark. Man kann doch
    Unmöglich einen Pachtherrn hängen. Sie sind
    Ein Pachtherr, lieber Freund!

HERR DE GUZMAN

                            Nein, ich bin Tschiche.

DER TSCHICHISCHE ANWALT

    Natürlich war's ein Antrag. 's war Erpressung
    Versucht, bevor die Sichel zerschlagen war.
    Bis dahin konnten sie uns auch erpressen.
    Jetzt ist die Sichel aus der Welt. Das müssen
    Sie doch begreifen, lieber Herr!

ISABELLA

                          Was heißt das?

DIE OBERIN

    Sie hätten gestern vielleicht hingehn müssen.
    Heut ist es nicht mehr nötig.

HERR DE GUZMAN

                          Doch, 's ist nötig.
    Schwester, du weißt, man will mich abschlachten, weil ich
    Ein Tschiche bin, wofür ich doch nichts kann.

ISABELLA

    Ja, wir sind Tschichen. Seht doch seinen Kopf!
    Ist er nicht spitz? Seit heute nicht mehr spitz?

HERR DE GUZMAN
    Seht, sie versteht mich!
ISABELLA
                        Ja, ich versteh dich.
HERR DE GUZMAN
    Und daß ich hängen soll!
ISABELLA
                        Sie wolln ihn hängen.
HERR DE GUZMAN
    Und jetzt kommt's darauf an, so schnell wie irgend –
    Da es ja feststeht, daß man überfallen
    Und ausgeraubt sein soll – zu überlegen
    Was man ausliefern soll: um was es mehr
    Und um was weniger schad ist. Ob man nicht
    Anstatt des Kopfs was anderes bieten kann
    Das einem weniger fehlte und dem andern
    Mehr nützte. Kurz, das nackte Leben muß
    Gerettet sein und als das Höchste gelten.
ISABELLA *sieht ihren Bruder entsetzt an:*
    Wie sprichst du, Bruder! Der mich ansprach, war
    Ein Mensch von tierischem Aussehn.
HERR DE GUZMAN
                        Wie seh ich aus?
    Die Pächterstochter sah mich vielleicht tierisch.
    Natürlich ist's nicht leicht, doch meinst du, ihr
    War's leicht, mit mir zu sein? Sieh diesen Bauch.
    Und sie war jung wie du.
ISABELLA
                        Und du hast es verlangt?
HERR DE GUZMAN
    Ich hab's verlangt.
ISABELLA
                    Nun gut, so wisse, Bruder
    Wenn es von mir verlangt würd: ich tu's nicht.

**HERR DE GUZMAN**

Ich hab's verlangt! Und er verlangt es auch!
Und 's ist auch nicht nur meine Sach'! 's ist deine!
Wenn man mich hängt, zahlt dir kein Pächter Pacht
Und deine Keuschheit liegt am freien Markt.
Sie will bezahlt sein, und das liegt an dir!

**ISABELLA**

Um alles bitt mich, Bruder, nicht um das!

**HERR DE GUZMAN**

Stell dich nicht an! Und spiel hier nicht die Heilige!
Mich hängen sie, und weder für die Hur
Noch für die Betschwester will ich gehängt sein. Schluß!

**ISABELLA**

O Bruder, nur die Not macht dich so schlecht!
*Sie läuft weg.*

**HERR DE GUZMAN** *brüllt ihr nach:*

So knapp am Tod ist keiner mehr gerecht!

**DER TSCHUCHISCHE ANWALT**

Sie wird es niemals tun.

**DIE OBERIN**

Ich seh nach ihr. *Ab.*

**DER TSCHICHISCHE ANWALT**

Ich sprech mit Peruiner. Morgen früh muß
Wer von den großen Pachtherrn in der Stadt ist
Am Richtplatz sein. De Guzman, Sie sind Pachtherr! *Ab.*

**DER HUA** *der sich auf die Fußkugel des de Guzman gesetzt hatte, steht auf:* Steh auf! *Zum Inspektor:* Treten Sie ihm in den Sack! Mich freut der ganze Sieg nicht; sofort, als er gemeldet wurde, haben sie uns die Kostgelder gestrichen.

**DER INSPEKTOR** Wir müssen uns jetzt auf die Socken machen, Herr de Guzman.

**HERR DE GUZMAN** *steht auf:*

Ich bin verloren.

**DER TSCHUCHISCHE ANWALT** *zum Inspektor:*

Er ist sehr nervös.

*Sie gehen ab.*

DER TABAKHÄNDLER PALMOSA *der wieder gelauscht hat, läuft wieder zum Kaffeehaus und klingelt Frau Cornamontis und Nanna heraus:* Fräulein Callas, Sie haben etwas Wichtiges versäumt. Eben kamen sie mit dem de Guzman vorbei. Er wird nach Heilig Kreuz überführt. Sie haben also wenigstens die Genugtuung, daß dieser Mensch aufgehängt wird.

NANNA So, wird er das?

DER TABAKHÄNDLER PALMOSA Sie scheinen aber nicht besonders erfreut.

NANNA Wissen Sie, Herr Palmosa, ich habe diesen Herrn Iberin an der Arbeit gesehen. Gestern verurteilte uns der Vizekönig, heute tut es Herr Iberin. Heute ist es die Oberin von San Barabas, die uns die Gäule wieder wegnimmt: warum soll es morgen nicht wieder Herr de Guzman sein? *Sie singt »Die Ballade vom Wasserrad«.*


DIE BALLADE VOM WASSERRAD

I

Von den Großen dieser Erde
Melden uns die Heldenlieder:
Steigend auf so wie Gestirne
Gehn sie wie Gestirne nieder.
Das klingt tröstlich und man muß es wissen.
Nur: für uns, die wir sie nähren müssen
Ist das leider immer ziemlich gleich gewesen.
Aufstieg oder Fall: wer trägt die Spesen?
    Freilich dreht das Rad sich immer weiter
    Daß, was oben ist, nicht oben bleibt.
    Aber für das Wasser unten heißt das leider
    Nur: daß es das Rad halt ewig treibt.

**2**

Ach, wir hatten viele Herren
Hatten Tiger und Hyänen
Hatten Adler, hatten Schweine
Doch wir nährten den und jenen.
Ob sie besser waren oder schlimmer:
Ach, der Stiefel glich dem Stiefel immer
Und uns trat er. Ihr versteht: ich meine
Daß wir keine andern Herren brauchen, sondern keine!
 Freilich dreht das Rad sich immer weiter
 Daß, was oben ist, nicht oben bleibt.
 Aber für das Wasser unten heißt das leider
 Nur: daß es das Rad halt ewig treibt.


**3**

Und sie schlagen sich die Köpfe
Blutig, raufend um die Beute
Nennen andre gierige Tröpfe
Und sich selber gute Leute.
Unaufhörlich sehn wir sie einander grollen
Und bekämpfen. Einzig und alleinig
Wenn wir sie nicht mehr ernähren wollen
Sind sie sich auf einmal völlig einig.
 Freilich dreht das Rad sich immer weiter
 Daß, was oben ist, nicht oben bleibt.
 Aber für das Wasser unten heißt das leider
 Nur: daß es das Rad halt ewig treibt.

## 9

IM KAFFEEHAUS DER FRAU CORNAMONTIS

*Isabella de Guzman steht vor dem Eingang.*

ISABELLA
  Seitdem ich weiß, daß man ihn hängen will
  Weiß ich auch, daß ich für ihn gehen muß.
  Die alles dies schon oftmals durchgemacht
  Die will ich fragen: ob es möglich ist
  Dabei selbst kalt zu bleiben, und was man
  Anziehen müßt und manche Einzelheit.
  Soll man so tun, als käme man aus eigenem
  Weil die Person, die es verlangt, zufällig
  Einem Eindruck gemacht hätt und vielleicht im Schlaf
  Einem erschienen sei? Vielleicht verwischt man so
  Den bösen Schein, als ob man käuflich sei.
  Vielleicht ist's würdiger, es durchblicken zu lassen
  Recht ohne Scheu, daß man mißbraucht wird und
  Nichts machen kann, jedoch im Grund ganz uner-
  Reichbar und fern ist, während man sich hingibt.
  Ob solches häufig vorkommt, etwa so, daß
  Die Männer, denen man dies anträgt, nichts
  Verächtliches drin finden können. Denn
  Vielleicht ist, was da verlangt wird, so wenig
  Daß großes Sträuben anzeigt nur zu große
  Beteiligung: man hätt zuviel gewährt.
  Auch werden solche Mädchen niemals schwanger
  Und wissen, wie man es verhüten kann, daß
  Die Sünde Frucht trägt. Ach, vieles gibt es noch.
  *Sie läutet.*
NANNA *öffnet ihr:* Was wünschen Sie hier?
ISABELLA Guten Tag, Nanna, du mußt mich kennen, wir

haben, als wir klein waren, oft zusammen auf dem Hofe gespielt.

NANNA Ja, und womit kann ich Ihnen dienen?

ISABELLA Ich nehme dir wohl die Zeit weg?

NANNA Kümmern Sie sich nicht darum.

ISABELLA Die Umstände zwingen mich, dich aufzusuchen. Die Hinrichtung meines Bruders ist für morgen früh um fünf festgesetzt. Eine gewisse Möglichkeit, ihn zu retten, wenn auch unter ungewöhnlichen Opfern, bringt mich in eine Lage, der ich, ungeübt auf dem betreffenden Gebiete, allein nicht Herr werden kann.

NANNA Setzen Sie sich.

ISABELLA *setzt sich:* Kann ich ein Glas Wasser haben? Ich fühle mich nicht wohl. *Nanna holt ein Glas Wasser.* Ein gewisses Angebot des Direktors von Heilig Kreuz, der meine äußerste Erniedrigung wünscht, stellte mich, wenn ich es annähme, vor ungeahnte Schwierigkeiten.

NANNA Jawohl.

ISABELLA Ich verstehe nichts von Liebe.

NANNA Nein.

ISABELLA Nenne mich nicht zynisch, wenn ich dir einfach aus Bedrängnis Fragen stellen möchte, die du von deinem Beruf her zu beantworten gewohnt bist.

NANNA Sie können fragen, aber Sie müssen der Patronin die Zeit bezahlen.

ISABELLA Gut, ich werde die Zeit bezahlen.

NANNA Ich kann mir denken, was Sie wissen wollen, und würde Ihnen vorschlagen, die Patronin zuzuziehen. Sie hat eine ungeheure Erfahrung.

ISABELLA Ist sie verschwiegen?

NANNA Von Beruf.

ISABELLA Gut, ich bin einverstanden.

*Nanna holt Frau Cornamontis.*

NANNA *an der Theke zu Frau Cornamontis:* Rupfen Sie sie gehörig. Sie ist sehr begütert.

*Beide treten in das Nebenzimmer.*

FRAU CORNAMONTIS Sagen Sie mir nicht Ihren Namen und fragen Sie mich so kühn wie einen Beichtvater, mein Kind.

ISABELLA Sie müssen wissen, daß das Leben meines Bruders davon abhängt, daß ich zu einem hochgestellten Herrn gehe, auf den ich, wie man mir sagt, Eindruck gemacht habe. Ich weiß nicht, wie ich mich benehmen soll, und kaum, ob diese Art, Liebe zu gewähren und zu verlangen, üblich ist.

FRAU CORNAMONTIS Durchaus.

ISABELLA Oh.

FRAU CORNAMONTIS Fahren Sie fort.

ISABELLA Wird ein Mann, den eine Umarmung enttäuscht, sich nicht vielleicht der Verpflichtung entziehen, die er eingegangen ist, und die Versprechungen brechen, die er gegeben hat?

NANNA Das ist doch möglich?

ISABELLA Was für ein Mittel gibt es dagegen?

FRAU CORNAMONTIS Sie brechen alle Versprechungen, und es gibt kein Mittel dagegen. Nur der Wunsch nach neuerlichen Umarmungen hält sie von den äußersten Brutalitäten zurück.

ISABELLA Da so unendlich viel davon abhängt: sicher ist auch dieser Aufzug, in dem ich gehe, nicht günstig.

FRAU CORNAMONTIS Sehr günstig.

ISABELLA Es ist das Kleid der Novizen.

FRAU CORNAMONTIS Eben.

ISABELLA Entschuldigen Sie meine Verwirrung. Soviel kaltes Leinen?

FRAU CORNAMONTIS Möglichst viel Leinen. Sehr gut, Leinen.

ISABELLA Ein nicht weniger kaltes Wesen?

FRAU CORNAMONTIS Das kälteste.

ISABELLA Oh! So fürchten Sie nichts von der Ungeschicklichkeit?

FRAU CORNAMONTIS Gar nichts.

ISABELLA Aber ich weiß wahrscheinlich weniger von den Dingen, als Sie annehmen können.

FRAU CORNAMONTIS Es ist weniger zu wissen, als Sie sich vorstellen, mein Kind! Das ist das Traurige. Nicht die Übung, sondern die natürliche Anlage, die selten vorhanden ist, gibt diesen Dingen eine Art Reiz. Aber fürchten Sie nichts: Sie werden auch ohne Reiz genossen. Für diese dürftigen Vergnügungen ist beinahe jede geeignet.

ISABELLA So gibt es nichts, was dagegen spräche, daß ich diesen Kelch leere?

FRAU CORNAMONTIS Nichts. *Stille.* Doch. Etwas.

ISABELLA Und dies wäre? Sprechen Sie! Oh, sprechen Sie!

FRAU CORNAMONTIS Ihr Geld, meine Liebe! Das spricht sogar sehr dagegen. Warum sollten Sie, in Ihrer Stellung, sich etwas vergeben? Warum das geringste tun, wozu Sie keine Neigung verspüren? Wäre es nicht geradezu unpassend, wenn Sie, für die andere, weniger empfindsame Leute unter solchen Anstrengungen Geld schaffen, etwas täten, was Sie bei diesen Leuten ins Gerede brächte? Es wäre unpassend! Was würden Sie sagen, wenn der Regen eines Tages von unten nach oben fiele? Sie würden es mit Recht unschicklich finden. Nein, Sie werden nichts dergleichen tun.

ISABELLA Aber eine gewisse hohe Person verlangt es.

FRAU CORNAMONTIS Mit Recht, mein Kind, dagegen ist nichts zu sagen. Warum sollte er's nicht verlangen, wenn er hochgestellt ist? Und warum sollte er nicht erhalten, was er verlangt? Aber Sie, was geht das Sie an, die Sie auch hochgestellt sind und über Mittel verfügen, die es Ihnen gestatten, der Gerechtigkeit einen gewissen Schick zu verleihen? Dieses je ne sais quoi . . .

ISABELLA An was denken Sie?

FRAU CORNAMONTIS An uns natürlich. An wen anders. Wieviel besser sind wir doch in der Lage, eine Erniedrigung zu erdulden, niedrige Leute. Hier sitzt dieses faule Stück, zu träge zum Blinzeln, dabei wird von ihrer Arbeit gesprochen! Nanna, geh hinaus und warte draußen! *Nanna geht hinaus.* Mein bestes Mädchen wird für Sie gehen.

ISABELLA Unmöglich, Sie wissen nicht, wer es ist.

FRAU CORNAMONTIS Wer immer es ist, er wird nichts merken.

ISABELLA Es ist der Direktor von Heilig Kreuz.

FRAU CORNAMONTIS Jawohl. Sie wird in Ihren Kleidern gehen und Ihr Wesen nachahmen. Aber ihr Erfolg wird größer sein, als der Ihre es sein könnte. Ihr Bruder wird frei sein. Und der Regen fließt nicht nach oben. Das wird Sie eintausend Pesos kosten.

ISABELLA Aber wird sie auch gehen gegen Entgelt?

FRAU CORNAMONTIS Mit Vergnügen. Geld macht sinnlich. *Sie singt Isabella ein Kuppellied vor.*


KUPPELLIED

1
Ach, man sagt, des roten Mondes Anblick
Auf dem Wasser macht die Mädchen schwach
Und man spricht von eines Mannes Schönheit
Der ein Weib verfiel. Daß ich nicht lach!
    Wo ich Liebe sah und schwache Knie
    War's beim Anblick von – Marie.
    Und das ist bemerkenswert:
    Gute Mädchen lieben nie
    Einen Herrn, der nichts verzehrt.
    Doch sie können innig lieben
    Wenn man ihnen was verehrt.
    Und der Grund ist: Geld macht sinnlich
    Wie uns die Erfahrung lehrt.


2
Ach, was soll des roten Mondes Anblick
Auf dem Wasser, wenn der Zaster fehlt?

Und was soll da eines Mannes oder Weibes Schönheit
Wenn man knapp ist und es sich verhehlt?
   Wo ich Liebe sah und schwache Knie
   War's beim Anblick von – Marie.
   Und das ist bemerkenswert:
   Wie soll er und wie soll sie
   Sehnsuchtsvoll und unbeschwert
   Auf den leeren Magen lieben?
   Nein, mein Freund, das ist verkehrt.
   Fraß macht warm und Geld macht sinnlich
   Wie uns die Erfahrung lehrt.

FRAU CORNAMONTIS *ruft:* Nanna! *Zu Isabella:* Das Mädchen
braucht den Preis nicht zu wissen. *Nanna tritt ein.* Nanna,
tausche deine Kleider mit denen der Dame. Du gehst für sie
zum Direktor.

NANNA Was bekomme ich?

FRAU CORNAMONTIS Sei nicht unverschämt. Du wirst nach dem
Tarif bekommen. Zieht euch jetzt um.

ISABELLA Ich möchte einen Schirm haben.

NANNA Ich sehe nicht hin.

ISABELLA Ich möchte doch einen Schirm.

   *Nanna bringt ihr einen Paravent. Die Mädchen wechseln
   ihre Kleider.*

FRAU CORNAMONTIS Sieh, Nanna, jetzt trägst du das Kleid,
aber wie wirst du dich darin bewegen? Ich werde die hohe
Persönlichkeit vertreten. Was wünscht die Dame? Ant-
worte!

NANNA Ich bin hier, um Sie noch einmal um meinen Bruder
zu bitten . . .

FRAU CORNAMONTIS Anzuflehen!

NANNA Anzuflehen!

FRAU CORNAMONTIS *zu Isabella:* Würden Sie das sagen?

ISABELLA Ich würde nichts sagen.

FRAU CORNAMONTIS Und alles ahnen lassen?

NANNA  Wie macht man das? Ich mag diese Komödie hier nicht.

FRAU CORNAMONTIS  Schweig! Er wird vielleicht über die Gründe sprechen wollen, die dich veranlaßt haben, zu den Bedürftigen Schwestern von San Barabas zu gehen. Was wirst du sagen?

NANNA  Ich habe das Geld dazu. Wenn ich es hier nicht anlege, dann wird es mir womöglich noch weggenommen. Ich habe nämlich einen Spitzkopf. Eine Heirat hilft da nicht. Einen Spitzköpfigen mag ich nicht heiraten, denn er bietet mir keine Sicherheit in diesen Zeiten, und ein Rundköpfiger nimmt mich nicht. Bei den Bedürftigen Schwestern von San Barabas hab ich meine Bequemlichkeit. Ich tue fast nichts den ganzen Tag, jedenfalls keine körperliche Arbeit, aber ich esse gut und wohne, ohne belästigt zu werden. So habe ich keine Sorgen wie andere.

FRAU CORNAMONTIS  Stimmt das?

ISABELLA  Es sind nicht meine Gründe. Aber warum muß es stimmen? Ich möchte meine Gründe nicht nennen.

FRAU CORNAMONTIS  Aber sie wird sie nennen müssen. Und sie wird sich ausdrücken, wie sie sich vorhin ausgedrückt hat, wie eine Stallmagd, ohne jede Feinheit. Sprechen Sie es ihr vor.


*Die Schwester des Pachtherrn unterweist die Pächterstochter in den drei klösterlichen Haupttugenden: Enthaltsamkeit, Gehorsam und Armut.*

ISABELLA *leise:*

Ach, ich wünschte mir stets, meine Kindheit möge nie enden.
Wünschte mir froh meine Tage und still meine Nächte.
Ach, gesichert zu leben in reinlicher Kammer vor Mannes-
Gier und Roheit für immer, ist, was ich möchte.
    So daß es für mich nur den Einen gibt
    Dem ich mich anvertrau und der mich liebt.

FRAU CORNAMONTIS  *weint:* Da siehst du, was Vornehmheit ist, du Pächtersfetzen!

NANNA *frech:*
Ach, ich wünschte mir stets, meine Kindheit möge nie enden.
  (So wie die gebaut war!)
Wünschte mir froh meine Tage und still meine Nächte.
  (Kunststück!)
Ach, gesichert zu leben in reinlicher Kammer vor Mannes-
Gier und Roheit, ist, was ich auch einmal möchte!
  Und daß es für mich auch nur einen gibt
  Dem ich mich anvertrau und der mich liebt.

FRAU CORNAMONTIS *empört:* Was redest du denn da daher, du
Miststück! Nimm dich gefälligst zusammen!

NANNA Ja, das muß ich.

FRAU CORNAMONTIS *zu Isabella:* Bitte, fahren Sie fort! Es ist
ein Erlebnis für mich.

ISABELLA
Aller Tugenden schönste ist der Gehorsam
Wie soll ich wissen, was für mich gut ist? Das eine
Weiß ich: der Herr meint es gut mit mir, und darum sag ich:
Nicht mein Wille geschehe, sondern der Seine!
  Auf daß Er mir mein Ungeschick vergibt
  Mich prüft, mich folgsam findet und mich liebt.

FRAU CORNAMONTIS *zu Nanna:* Jetzt wiederhole, aber genau!

NANNA *unbewegten Gesichts:*
Aller Tugenden schönste ist der Gehorsam.
Wie soll ich wissen, was für mich gut ist? Das eine
Weiß ich: der Herr meint es gut mit mir, und darum sag ich:
Nicht mein Wille geschehe, sondern der seine!
  Auf daß er mir mein Ungeschick vergibt
  Mich prüft, mich folgsam findet und mich liebt.

ISABELLA
Aber von allem, was sein muß, ist Armsein das erste.
Und es soll mir nicht Last, noch Opfer, noch Harm sein.
Ach, verlange von mir, Deiner Dienerin, immer das
      Schwerste!
Um das, was Du willst, zu tun, o Herr, muß ich arm sein.

Daß Du mich eifrig findest und mich liebst
Und gnädigst mir von Deinem Reichtum gibst.

NANNA

Aber von allem, was sein muß, ist Armsein das erste.
Und es soll mir nicht Last, noch Opfer, noch Harm sein.
Ach, verlange von mir, deiner Dienerin, immer das
      Schwerste!
Um das, was du willst, zu tun, mein Herr, muß ich arm sein.
Daß du mich eifrig findest und mich liebst
Und mir 'nen Zehner von deinem Reichtum gibst.

FRAU CORNAMONTIS Um Gottes willen, wir haben das Wichtigste vergessen!

NANNA Was?

FRAU CORNAMONTIS Sie ist eine Tschuchin! Sie hat einen runden Kopf! Sicher interessiert sich die hohe Persönlichkeit gerade für die Tschichin! Gestalt und Bewegungen sind gleich, alles andere wird genügen. Das Kleid stimmt. Aber der Kopf ist anders! Er wird ihr über den Kopf streichen und alles entdecken!

NANNA Gebt mir eine Haarunterlage und ich werde dafür sorgen, daß er nicht an den Kopf kommt. Ich meine übrigens, daß es bei derlei nicht auf die Rasse ankommt.

*Nanna wird frisiert, daß ihr Kopf wie der Isabellas aussieht.*

FRAU CORNAMONTIS Soviel euch jetzt noch unterscheiden mag, eure Stellung und eure Vermögenslage: der Kopf ist der nämliche. *Zu Nanna:* Benimm dich auch deiner vornehmen Sprache entsprechend etwas hölzern. Vergiß, was du bei mir gelernt hast, tu, als hättest du nichts gelernt, als genüge dein bloßes Vorhandensein. Stelle dir einfach vor, wie etwa ein Brett seine Gunst verschenken würde! Gib nichts her, aber tu, als gäbst du zuviel. Nimm alles, aber tu, als sei es nichts. So kommt er um sein Vergnügen, aber dir ist er verpflichtet. Geh hinauf und wasch dir noch einmal die Hände und nimm dir von meinem Gesichtswasser, das auf dem Schrank, oder nein, es ist zu gewöhnlich; es ist vornehmer, du riechst nach nichts. *Nanna geht nach oben. Frau Cornamontis zu Isabella:* Sie aber werden hierbleiben, bis Nanna zurück ist und Sie in ein paar Stunden in Ihren Kleidern heimgehen können.

*Frau Cornamontis geht hinaus und setzt sich an die Theke. Es treten auf Frau Callas und ihre vier kleinen Kinder.*

FRAU CALLAS Ach, Frau Cornamontis, als wir erfuhren, daß eine neue Zeit angebrochen ist, ist mein Mann, der Pächter, in die Stadt gegangen, um sich sein Teil herauszuschneiden. Wir haben gehört, daß unser Pachtherr zum Tode verurteilt ist. Es ist wegen Pachtwucher. Gestern hat man uns nun unsere Kuh wegen nichtbezahlter Steuern weggetrieben. Aber mein Mann ist nicht zurückgekommen bis jetzt. Wir haben meinen Mann überall gesucht, und meine Kinder können nicht mehr laufen und sind hungrig, aber ich habe kein Geld, ihnen eine Suppe zu kaufen. Früher hat unsere Nanna uns in solchen Fällen ausgeholfen. Jetzt hat sie sich, wie wir gehört haben, verbessert und ist nicht mehr bei Ihnen. Auf die Dauer war Ihr Haus, Frau Cornamontis, ja auch nichts für unsere Tochter. Aber vielleicht können Sie uns sagen, wo sie jetzt ist?

FRAU CORNAMONTIS Sie ist wieder hier, sie ist nicht abkömmlich. Aber die Suppe können Sie natürlich haben.

*Frau Cornamontis gibt ihnen Suppe. Die Familie setzt sich auf die Treppe und ißt die Suppe. Nanna kommt herein. Sie bahnt sich einen Weg durch die Familie, die essend vor der Tür sitzt. Sie wird angehalten.*

FRAU CALLAS Da ist das Pachtfräulein! Sagt euer Sprüchlein auf!

DIE KINDER
Lieber Herr de Guzman, das möchte uns so passen
Lieber Herr de Guzman möcht uns die Pacht erlassen.

NANNA *hinter dem Schleier:* Macht euch keine Hoffnung!

*Zum Publikum:*
So geh ich, daß sich alles wieder dreh
Und so in Ordnung komm. Denn wenn ich geh
Geht nicht die Tschuchin für die Tschichin nur:
Arm geht für reich und für die Nonn die Hur.


10

GEFÄNGNIS


*In der einen Todeszelle sitzen gefangene Pächter, darunter
Lopez. Sie werden von Huas geschoren. In der andern Todeszelle sitzt der Pachtherr de Guzman. Draußen werden Galgen
aufgeschlagen.*

DER HUA *zu dem Pächter, den er schert:* War es so wichtig,
    überall dieses Sichelzeichen hinzuschmieren?
DER PÄCHTER  Ja.
DER HUA  Wer wird denn jetzt euren Frauen durch den Winter
    helfen?
DER PÄCHTER  Das wissen wir nicht.
DER HUA  Und wer wird die Äcker pflügen im Frühjahr, wenn
    ihr nicht da seid?
DER PÄCHTER  Das wissen wir auch nicht.
DER HUA  Werden überhaupt noch Äcker da sein im Frühjahr?
DER PÄCHTER  Auch das wissen wir nicht.
DER HUA  Aber daß die Sichel einmal siegen wird, das wißt
    ihr?
DER PÄCHTER  Ja, das wissen wir.
DER INSPEKTOR  *kommt mit einem Metermaß, mit dem er die
    Genickstärke des Pachtherrn mißt:* Ihren Fall finde ich

menschlich selber ergreifend. Man hört allgemein, daß in der Stadt viele Pächter sind, die nur darauf warten, ob der Pachtherr wirklich gehängt wird. Dann wollen sie am Ersten alle zusammen keine Pacht bezahlen. Wie will man ihn da hängen! Genickstärke zwei Zoll, das macht Fallhöhe acht Fuß. Ruhe! Wenn ich mich verrechne, gibt es wieder Stunk! Ich erinnere nur an den Pressestunk bei dem Fall Colzoni vor zwei Jahren, weil das Fallbeil nicht klappte, und der viel größer war als der Pressestunk, der dann entstand, als es sich erwies, daß der Mann unschuldig gewesen war.

*Auftreten die beiden Anwälte.*

DER TSCHUCHISCHE ANWALT Herr Inspektor, die Schwester des Verurteilten hat sicher schon in diesem Augenblick alles in der Hand zur Rettung ihres Bruders.

DER INSPEKTOR *trocken:* Ich glaube es Ihnen. Vielleicht ist das die verschleierte Dame, die vorhin zum Kommandanten hineinging.

*Die Anwälte atmen auf.*

DER TSCHICHISCHE ANWALT *zu de Guzman, der in seiner Verstörtheit nichts gehört hat:* De Guzman, eine Freudenbotschaft! Ihre Schwester ist schon beim Kommandanten!

DER TSCHUCHISCHE ANWALT Wir können damit rechnen, daß der Zazarante in den nächsten Stunden uns hier nicht in die Quere kommt.

DER INSPEKTOR *im Abgehen:* Mit dem Scheren muß man aber doch anfangen!

*Der Hua beginnt den Pachtherrn zu scheren.*

DER TSCHUCHISCHE ANWALT *zum andern:* Leider steht es immer noch sehr schlimm. Selbst wenn der Kommandant beide Augen zudrückt, haben wir immer noch keine Lösung. Dabei ist unser Mann einer der größten Pachtherren des Landes.

*Der Pachtherr de Guzman und seine beiden Anwälte singen das »Lied eines Großen«.*

LIED EINES GROSSEN

HERR DE GUZMAN

Ach, sie sangen mir schon an der Wiege
Ich bräucht mir den Fuß an keinem Stein zu stoßen
Immer würd es Hände geben, die mich tragen
Denn, das hörte ich sie oftmals sagen
Auf der Welt gehör ich zu den Großen!
(Dabei wog ich nur vier Pfund und heute bin ich so dick wie
irgendeiner!)

DIE ANWÄLTE

Ja, wer hat Sie denn da großgezogen?
War das Ihre zarte Frau Mama?

HERR DE GUZMAN

Nein, dafür war eine Amme da
Irgendeine gute Frau von unten
Der sie dafür ein paar Groschen gaben.

DIE ANWÄLTE

Sehen Sie, da hat sich also wer gefunden
Der da machte, was Sie nötig haben!


2

HERR DE GUZMAN

Und ich erbte mühlos Vieh und Acker
Damals ging ich noch in kurzen Hosen
Doch ich brauchte mich da nicht zu plagen
Denn, das hörte ich sie oftmals sagen
Auf der Welt gehör ich zu den Großen!
(Dabei hatte ich eigentlich gar nichts übrig für die Landwirt-
schaft!)

DIE ANWÄLTE

Ja, wer pflügte denn da Ihren Acker?
Warn das etwa Sie, der ihn versah?

HERR DE GUZMAN

Nein, dafür warn doch die Knechte da.
Irgendwelche Leute, wissen Sie, von unten
Haben meinen Acker umgegraben.

DIE ANWÄLTE

Sehen Sie, da hat sich also wer gefunden
Der da machte, was Sie nötig haben!


3

DIE ANWÄLTE

Unser Herr Klient soll jetzt plötzlich aufgehängt werden!
Wegen der Form seines Kopfes ist ihm das zugestoßen!
Das ist eine Sache, die sehr bös ist.
Kann man sich da wundern, wenn er sehr nervös ist?
Er gehört doch schließlich zu den Großen!

HERR DE GUZMAN

Ich gehör doch schließlich zu den Großen!

DIE ANWÄLTE (Ja, was sollen denn da die Pächter machen,
wenn der Pachtherr aufgehängt ist?)

HERR DE GUZMAN

Ja, wie wird das jetzt mit diesem Hängen?

DIE ANWÄLTE

Nein, das ging ihm menschlich auch zu nah!
Ist denn da, verdammt! kein andrer da?
Irgendwer von unten, der da hinten-
Rum sich meldet zum Begraben?
Ja, da muß sich doch, zum Teufel! jemand finden
Der da macht, was Sie jetzt nötig haben!


*In einem Mauerloch hinten, das durch dicke Eisenstäbe ver-
gittert ist, erscheint der Pächter Callas.*

DER PÄCHTER CALLAS *winkend:* Herr de Guzman! Herr de
Guzman! Herr de Guzman, hier ist Ihr Pächter Callas! Sie
müssen mir noch sagen, was mit der Pacht los ist!

DER TSCHUCHISCHE ANWALT Die Pacht geht an das Kloster San Barabas, Stiftskasse, Rückgebäude rechts.

DER PÄCHTER CALLAS Du bist nicht gefragt! Herr de Guzman, Sie müssen die Pacht nachlassen!

DER TSCHICHISCHE ANWALT Kommen Sie herein, wir sind keine Unmenschen! *Callas verschwindet im Fenster.* Herr de Guzman, ich glaube, wir haben einen Stellvertreter.
*Eintritt der Pächter Callas.*

DER PÄCHTER CALLAS *zum Zuschauer:*
Als ich von meinem Hofe ging
War, was ich wollte, wohl gering.
Ich wollte keine Pacht mehr zahlen
Sondern mein Korn für mich mahlen.
Und als ich in die Stadt Luma kam
Da fing ein Glockenläuten an.
Als ob ich wunder weiß was wär
Verschaffte man mir große Ehr.
Und wer einen Mann wie mich gekränkt
Der würde, hieß es, jetzt gehängt.
So kam der Frosch aus seinem Pfuhl
Und kam auf einen goldnen Stuhl.
Die Ehre machte mir schon Spaß
Doch brauch ich noch den Pachterlaß.
Denn was soll mir die Ehre dann
Wenn ich kein Brot für kaufen kann?
Denn gäb's zu fressen nur im Pfuhl
Dann müßt der Frosch herab vom Stuhl.
Von Ehre sprach man jetzt zwei Wochen
Doch von der Pacht wurd nicht gesprochen!
Ich seh, sie wollen's mir nicht sagen
Da muß ich wohl den Pachtherrn fragen.
Sei's, wie es will, was man mit mir auch macht:
Ich muß jetzt wissen: was ist mit der Pacht!
*Im Vorbeigehen sieht er in einer Todeszelle seinen einstigen Freund Lopez.*

DER PÄCHTER CALLAS *brüllend zu Lopez, der ihn schweigend ansieht:* Halt dein Maul! *Vor dem Käfig des de Guzman:* Herr de Guzman, wenn Sie mir die Pacht nicht nachlassen, nehme ich einen Strick und hänge mich auf, daß das Elend aufhört.

DER PÄCHTER LOPEZ Und doch war da ein Tag, Callas, da du alles in der Hand hattest!

DER PÄCHTER CALLAS *brüllt:* Du sollst dein Maul halten!

DER TSCHUCHISCHE ANWALT Herr Callas, wir haben Ihnen einen Vorschlag zu machen! *Er holt einen Stuhl herbei für Callas.*

DER TSCHICHISCHE ANWALT Sie haben Glück! Herr de Guzman hat seine Begnadigung so gut wie in der Tasche. Die unteren Organe wissen es nur noch nicht. Er soll erst unter dem Galgen begnadigt werden, und zwar anläßlich der Rückkehr einer hohen Persönlichkeit, die schon für morgen erwartet wird. Wir haben nun Bedenken, ihn in diesem Zustand gehen zu lassen. Er ist uns zu nervös. Würden Sie gegen einen einjährigen Pachterlaß für ihn gehen? Sie sind sicher oder so gut wie sicher.

DER PÄCHTER CALLAS Ich soll mich wohl für ihn aufknüpfen lassen?

DER TSCHICHISCHE ANWALT Unsinn! Das würde doch kein Mensch von Ihnen verlangen!

DER TSCHUCHISCHE ANWALT Entscheiden Sie sich, Sie sind vollständig frei. Es gibt keine Sklaverei in Jahoo. Sie müssen gar nichts. Aber Sie müssen ja wissen, wie Ihre Lage ist und ob Sie es sich leisten können, auf ein Jahr Pachterlaß zu pfeifen.

DER TSCHICHISCHE ANWALT Vorhin haben Sie nach einem Strick verlangt!

DER TSCHUCHISCHE ANWALT Sehen Sie, ein reicher Mann ist derartigen Situationen nicht gewachsen. Er ist durch Wohlleben verweichlicht, das rächt sich jetzt. Unter uns gesagt, ist er eine richtige Memme. Da seid ihr Pächter doch andere

Leute. Sie werden das ganz anders schmeißen. *Er winkt einem Hua, der eben in dem Käfig der gefangenen Pächter fertig geworden ist.* He, Sie! Scheren Sie den Mann mit, Zazarante wünscht es!

DER PÄCHTER CALLAS Aber da hängen sie mich ja!

DER TSCHICHISCHE ANWALT Sie brauchen sich noch nicht zu entscheiden, aber lassen Sie sich für alle Fälle scheren, sonst nützt Ihr Einverständnis uns womöglich nichts mehr.

DER PÄCHTER CALLAS Aber ich habe noch nicht ja gesagt!

*Auf einem Stuhl neben dem Käfig sitzend, in dem sein Pachtherr geschoren wird, wird auch der Pächter Callas geschoren.*

DER HUA *der die Sichelleute schert:* Was macht ihr eigentlich mit euren Schuhen?

EIN PÄCHTER Warum?

DER HUA Sieh dir mal meine Stiefel an! Sie waren gratis, aber die Besohlung heißt es bezahlen. Ich trete schon keinem mehr gern in den Arsch mit diesen Stiefeln. Da hat sich auch einer dran gesund gemacht.

DER PÄCHTER Du kannst die meinen haben.

DER PÄCHTER CALLAS *hat nachgedacht, zögernd:* Mindestens zwei Jahre Pachterlaß! Schließlich riskiere ich meinen Kopf.

DER TSCHICHISCHE ANWALT Herr de Guzman, Ihr Pächter Callas will für Sie eintreten. Sie müssen ihm, was die Pacht betrifft, dafür entgegenkommen.

DER HUA *der Callas schert:* Callas, Callas! Werd mir kein Tschich und treib Handel!

DER PÄCHTER CALLAS Die Pacht ist zu hoch.

HERR DE GUZMAN *horcht auf:* Was ist mit der Pacht?

DER PÄCHTER CALLAS Sie ist zu hoch. Da können wir nicht leben.

HERR DE GUZMAN Wovon soll ich leben? Sei nicht so faul und nachlässig, dann hast du es nicht nötig, zu betteln.

DER PÄCHTER CALLAS Wenn ich faul bin, was sind dann Sie?

HERR DE GUZMAN Wenn du frech bist, dann ist es überhaupt aus.

DER PÄCHTER CALLAS  Ich bin nicht frech, ich bin bedürftig.

HERR DE GUZMAN  Der Pachthof ist sehr gut.

DER PÄCHTER CALLAS  Ja, für Sie. Und nicht, weil er Weizen trägt, sondern weil er Pacht trägt.

DER PÄCHTER LOPEZ
Da kämpft der Pachtherr mit dem Knechte.
Recht hat der eine und der andere Rechte.

HERR DE GUZMAN  Daß du dich nicht schämst, immerfort etwas geschenkt haben zu wollen.

DER PÄCHTER CALLAS  Ich will nichts geschenkt, ich will nichts schenken!

HERR DE GUZMAN  Du kannst ja weggehen, wenn du willst. Du bist vollkommen frei!

DER PÄCHTER CALLAS  Ja, ich kann weggehen. Aber wo kann ich hingehen?

HERR DE GUZMAN  Schluß. Ich behalte, was mir gehört.

DER PÄCHTER CALLAS  Ist das Ihr letztes Wort? *Zum Hua:* Hör auf mit dem Scheren!

DER TSCHUCHISCHE ANWALT  *zu Callas:* Herr de Guzman ist eben sicher, daß hier nichts riskiert wird oder nur wenig. *Zu de Guzman:* Herr de Guzman, Sie müssen entgegenkommen. So sicher sind Sie auch nicht! Ein Jahr Pachterlaß, das ist keine Angelegenheit.

DER PÄCHTER CALLAS  Zwei Jahre. Weil es um meinen Kopf geht!

HERR DE GUZMAN  *als ob er erwachte:* Kopf? Was wollt ihr eigentlich?

DER TSCHICHISCHE ANWALT  Herr Callas geht für Sie, da keine Gefahr dabei ist, wie wir immer betont haben, nicht wahr?

HERR DE GUZMAN  Ja, das haben Sie gesagt.

DER PÄCHTER CALLAS  Ich will aber zwei Jahre Pachterlaß haben. Dafür hänge ich vielleicht.

DER TSCHUCHISCHE ANWALT  Ein Jahr.

DER PÄCHTER CALLAS  *zum Hua:* Aufhören!

DER INSPEKTOR *ruft hinten:* Fertigmachen! Der Kommandant will die Verurteilten, bevor sie weggebracht werden,
sehen.

DER TSCHUCHISCHE ANWALT Also gut, eineinhalb Jahre, Callas!

*Callas schweigt.*

HERR DE GUZMAN Zwei Jahre.

DER PÄCHTER CALLAS Aber ich habe immer noch nicht ja gesagt!

*Die vier Pächter von der Sichel sind inzwischen hinaus-
geführt worden.*

DER TSCHICHISCHE ANWALT Sie werden schon ja sagen, Herr
Callas, es bleibt Ihnen gar nichts anderes übrig.

DER PÄCHTER CALLAS *zum Publikum:* Das hieße ja:
Tschuch geht vor Tschich? Und Unrecht geht vor Recht!
Arm stirbt für reich und für den Herrn der Knecht.

DER TSCHICHISCHE ANWALT *zum andern:* Hoffentlich kommt
der Vizekönig zur rechten Zeit! Sonst hängt er!

DER TSCHUCHISCHE ANWALT Ja, er hat allen Grund, Gott zu
bitten, daß sein Pachtherr nicht gehängt wird.


11

PALAIS DES VIZEKÖNIGS


*Es ist am frühen Morgen. Im Hof sind Galgen aufgeschlagen
worden. Auf einer Tafel ist zu lesen: »Exekution an 1 Pachtherrn und 200 Pächtern.« Zwischen dem Inspektor und einem
Hua steht ein gefesselter Mann mit einer Kappe über dem Gesicht. Sie warten. Dann hört man von hinten das Klappern
vieler Holzschuhe.*

DER INSPEKTOR *zum Hua:* Ich verstehe nicht, warum der Befehl zum Hängen noch nicht da ist. Jetzt kommen auch schon die Sichelleute.

DER HUA Woher wissen Sie, daß es Sichelleute sind, wenn Sie Holzschuhe klappern hören? Auch von uns Iberinsoldaten haben jetzt schon viele nur mehr Holzschuhe.

DER INSPEKTOR Halt das Maul, sonst passiert was. Richt lieber den Galgen her.

*Der Hua geht mürrisch nach hinten und macht sich dort zu schaffen.*

DER INSPEKTOR *seufzend zu dem Mann mit der Kappe:* Das kommt davon, wenn man sie hängen läßt, wen sie hängen wollen. Da werden sie frech. *Ruft dem Hua zu:* Was treibst du eigentlich da hinten so lang?

DER HUA *zurückkehrend:* Ich habe alles zur Exekution hergerichtet. Jetzt könnt ihr hängen.

*Den Hof betritt, gefolgt von Missena und den Herren Saz, Peruiner, de Hoz und Duarte, der Statthalter. Man hört sie von weitem schreien.*

HERR SAZ

Sind Sie von Sinnen, Mann? Das ist ein Pachtherr
Und nicht ein Tschiche! Und wird der gehängt
Dann heißt's, er habe mit der Pacht gewuchert.

HERR PERUINER

Auf keinem Gut, drauf tschichische Pachtherrn sitzen
Wurd Zins bezahlt an diesem Ersten! Und auch
Auf jenen Gütern, die an diese grenzen
Und wo die Pacht nicht eben niedriger ist
Wird jetzt den tschuchischen Pachtherrn schon die
        Pacht
Einfach verweigert.

IBERIN

               Und?

HERR DUARTE

                       Er fragt noch »Und?«!

MISSENA

    Bedenken Sie, Sie hängen einen Mann
    Der zwar ein Tschich ist, sich vielleicht verging
    Doch auch ein Pachtherr ist, ein Mann wie wir.

IBERIN

    Ein Mann wie wir?

MISSENA

               Nun ja, er lebt von Pacht.

IBERIN

    Ich lebe nicht von Pacht.

HERR SAZ

              Und wovon sonst?

HERR DUARTE

    Wovon ist dieser Hof bezahlt? Wovon
    Die Galgen dort und – *auf den Hua deutend* – dieser Mann,
           wovon?
    Wovon das Heer, das uns die Sichel zerbrach?

HERR PERUINER

    Vom Pachtzins, Mann! Von nichts als Pachtzins, Mann!
    Doch wozu schrein? 's ist ganz natürlich: er ist
    Ein wenig festgefahrn; man muß ihm helfen.
    Er hat da viel von Tschich und Tschuch gesprochen.
    Ein wenig zuviel. Nun, es war ganz natürlich.
    Mann, nichts gegen Euch! Eure Arbeit war nicht übel.
    Was Ihr verspracht, habt Ihr gehalten: die Pächter
    Sind uns geduckt. Das soll Euch einer nachmachen!
    So manche Pläne werden jetzt erst möglich
    Und kühne Pläne, allzu kühn vor kurzem.

IBERIN

    Was denn für Pläne?

MISSENA *warnend:*

           Hm.

HERR PERUINER

            Nun, manche Pläne.
    Doch jetzt heißt's klug sein und sich umstellen, Mann!

MISSENA

Ist's für ihn schwierig, fragt sich's also: wer
Könnt uns den Tschichen jetzt freigeben?

IBERIN *störrisch:*

Ich kann's nicht.

MISSENA

Wer könnt's?
*Pause.*

Der Vizekönig könnt's.

HERR PERUINER

Der könnt's.
So setzt das Urteil aus, bis er zurück ist!

IBERIN

Zurück, was heißt das?

MISSENA

Nun, Herr Iberin:
Der Vizekönig, unser sehr geliebter
Erhabener Herr, hat sich entschlossen, nunmehr
Zu seinem Amt zurückzukehren, was Sie
Wie uns, Herr Iberin, sehr freuen wird.
*Pause.*

IBERIN

Er kehrt zurück?

MISSENA

Heut nacht hat die Armee ihn
Im Lager begrüßt. Und ihn gebeten, heute
An ihrer Spitze einzuziehen in die
Jubelnde Hauptstadt.

IBERIN *nach einer peinlichen Pause:*

So. So also geht das.
Und ich werd nicht gefragt? Ich dächt, ich hätte
Es wohl verdient, daß man mich da noch fragt.

MISSENA

Nun denn: ich frag.

IBERIN *nach schwerem innerem Kampf:*

                        Und wenn ich selbst bereit wär
Den Tschichen freizugeben?
MISSENA

                        Ihr?
IBERIN

                                   Ich bin's!
MISSENA *verlegen:*
Nun, das kommt unerwartet. Und die Lehre
Von Tschuch und Tschich?
IBERIN *fest:*

                        Das braucht Euch nicht zu kümmern.
's ist meine Sach. Doch was den Einzug in die
Hauptstadt angeht, und wer da an der Spitz ist
Da werd ich noch ein Wort mitsprechen, mein ich!
*Hinten Trommeln und Marschtritte.*
MISSENA *lächelnd:*
Das Heer hält seinen Einzug. An der Spitze ...
*Auftritt elegant und ebenfalls lächelnd der Vizekönig, im
Stahlhelm, einen Soldatenmantel über dem Smoking. Alle
verbeugen sich.*
MISSENA *leise zu Iberin, der sich nicht verbeugt:*
Verbeugen Sie sich schon: Ihr Souverän!
*Iberin verbeugt sich.*
DER VIZEKÖNIG
Tag, Iberin!
MISSENA

                  Herr, Ihr kommt wie gerufen!
Eben zerbrachen wir uns schon die Köpfe.
Herr Iberin, mit einem Fall beschäftigt
Der als ein großes Beispiel allem Volk
Aufzeigen soll, was Recht und Unrecht ist
Ist etwas festgefahren.
DER VIZEKÖNIG

                        Ich kenn den Fall.
Herr Iberin, gestatte, daß ich dir

Die Fische zeige, die im Netz sich fingen
Des Maschen du so eng geknüpft hast.
Ich hör, du hast da einen reichen Mann
Zum Tod verurteilt, weil er einem armen
Die Tochter nahm. Er soll zum Galgen gehn.
Er ist ein Tschich und darf nicht Unrecht tun.
Da steht ein Mann. 's ist wohl der reiche Tschiche?

DER INSPEKTOR Das ist der tschichische Pachtherr, Euer Exzellenz!

DER VIZEKÖNIG
Ich bin nicht sicher. Geht der Mann im Holzschuh?
Mit etwas Zweifel lüft ich seine Kappe
Doch ist der Zweifel klein.
*Er will dem Mann die Kappe herunternehmen, aber der Mann hält sie fest.*

DER MANN Laßt!
*Der Inspektor nimmt ihm die Kappe herunter.*

MISSENA Es ist der tschuchische Pächter!

DER VIZEKÖNIG Wie kommst du hierher?

DER PÄCHTER CALLAS Ich sollte die Pacht für zwei Jahre erlassen bekommen, wenn ich diesen Gang machte. Und man sagte mir, ein Pachtherr würde niemals gehängt!

DER VIZEKÖNIG
Ich fürcht, mein Freund, man sagte dir nichts Falsches!
Holt den, für den er ging!
*Der Inspektor ab.*

IBERIN *zu Callas:*
                              Was, für paar Pesos
Gingst du zum Galgen, Lump?

DER PÄCHTER CALLAS
                              Nein, für zwei Jahrespachten.

DER VIZEKÖNIG
Herr Iberin, die Tochter dieses Manns
Ging für den Vater einst zum tschichischen Pachtherrn.
Hohe Gerechtigkeit, von dir geübt

Schickte den Pachtherrn in den Tod. Und nun
Ging, wie ich weiß – du weißt es nicht, jedoch
Es wird dich freuen, denn es ist gerecht –
Des Pachtherrn Schwester, eine Tschichin, wie
Die Tschuchin einst, für ihren Anverwandten
Zu helfen ihm auf Frauenweis', durch Hingab.
Ein Tschuche fand sich, der das Opfer annahm.
So fingst du einen zweiten Fisch: die Tschichin
Und Pachtherrnschwester. So. Der zweite Fang jetzt.
*Hereingebracht wird Nanna in den Kleidern der Isabella
de Guzman. Die Kleider sind zerrissen und sie geht schwankend, aber sie hat den Schleier noch um.*

DIE REICHEN PACHTHERREN

Was ist mit ihr? – Wie geht sie?

DER INSPEKTOR  Eure Exzellenz, wir fanden sie auf dem
Gange liegend, mit einem Knebel im Mund und übel zugerichtet. Und nach dem, was sie sagt, haben sich, als sie
vom Kommandanten kam, Soldaten der Wache an ihr vergangen.

DER VIZEKÖNIG  Ist das wahr?

*Nanna nickt.*

DIE REICHEN PACHTHERREN

O schändlich! Schändlich! Das will blutige Sühne!
Herr Iberin, das büßt Ihr! Eine Frau
Der Blüte dieses Landes zugehörend
Von höchster Stellung, frech mißbraucht! Vom Pöbel!
Berühmt durch Sittsamkeit! Ein hohes Beispiel
Vornehmster Keuschheit also zugerichtet!

DER VIZEKÖNIG

Das wäre schlimm! Doch ahn ich, daß auch hier
Ein günstiges Geschick das Ärgste abbog.
's war wohl auch schlimm für diese, die hier steht
Doch ist es ihr Gewerb, das eben schlimm ist.
Denn, Iberin, ich ahne, wen du fingest.
*Er nimmt ihr den Schleier ab.*

MISSENA

    Die Pächterstochter!

DIE REICHEN PACHTHERREN

                        Hö, das tschuchische Mädchen!

*Sie brechen in ein wildes Gelächter aus.*

O wilder Spaß! Du hast's erreicht, Herr Iberin!

Das ist das Pack, das du so hochgepumpt.

Da häng nur Ehre hin an einen Fetzen!

Und sieh, was er mit dieser Ehre macht!

Für ein paar Pesos geht das hin und liefert

Den tschuchischen Leib aus, und sei's für den Schänder!

Jetzt sage uns: es war die Pächterstochter.

's war nur die Pächterstochter! Aber deinem

Anhange sag: es war nur eine Tschichin!

Gib jetzt zum zweitenmal dem tschuchischen Vater

Die Tochter wieder! Sieh, das ist sie, Pächter!

Du wirst's nicht glauben!

DER VIZEKÖNIG

                       Nun ist es genug!

Ja, das ist seine Tochter, und so ist's

In Ordnung wohl. Doch ihre Köpfe sind rund –

*De Guzman wird gebracht. Seine Schwester geht neben ihm –*

Und hier erst kommen unsere richtigen Tschichen.

Warum, de Guzman, geb ich dich wohl frei?

Weil, nun, weil dieser da, dein Pächter, es

So wenig wünscht, daß du gehängt wirst, daß

Er lieber selber geht, gehängt zu werden.

Des weitern geb ich dich auch frei, weil diese

Des Pächters Tochter, lieber auf den Strich geht

Als daß sie dich gehängt sehn müßt, das heißt, weil

Du so beliebt bist, drum geb ich dich frei.

Und ebenso muß auch der Pächter frei sein

Schon um die Pacht zu zahlen. *Zu Callas:* Denn das mußt du

Mein lieber Callas! Gib kein schlechtes Beispiel!

Und dann gibt's danach mehr zu zahlen, Freund.

Die Niederwerfung dieser Pferdediebe
Wer soll sie zahlen, wenn nicht du sie zahlst!
Löst jetzt den Strick dem Pachtherrn und dem Pächter!
Das gleiche Maß für beide! Beiden Freiheit!
Und beiden Leben! *Zu Iberin:* Ihr seid einverstanden?
*Iberin nickt. Dem Pachtherrn und dem Pächter werden die*
*Fesseln gelöst.*

ISABELLA
Emanuele! Bist du wirklich frei?

HERR DE GUZMAN *lächelnd:*
                                    Natürlich.

DER PÄCHTER CALLAS
Und mit dem Pachterlaß ist's nichts?

DER VIZEKÖNIG
                                    Nein, Freund!
Solch ein Vertrag ist unsittlich und gilt nicht.

DIE SPIELERIN DER NANNA
So gibt er beiden Freiheit jetzt und Leben
Und hat doch beiden jetzt das gleiche nicht gegeben.
Sie leben beide. Doch zum Essen setzt sich der
Und der geht weg und schafft das Essen her.
Und ist der eine frei, dort, wo's ihm paßt, zu bleiben
So ist der andre frei, ihn von dort wegzutreiben.
Ihr seht nur beide weggehn. Doch wüßtet ihr den Sinn
Erst dann, wenn ihr auch wüßtet: Wo gehn beide hin?

DER VIZEKÖNIG
Ja, Pächter, noch was, hätt es fast vergessen.
Ich weiß, du bist bedürftig, nun, so höre:
Kehrt ich zurück, so nicht mit leeren·Händen.
Ich bring dir, Pächter, etwas mit, hier ist es.
Dein Hut ist löcherig, Freund, hier nimm den meinen!
Und du hast keinen Mantel, nimm dir den!
*Er setzt ihm seinen Stahlhelm auf und hängt ihm seinen*
*Soldatenmantel um.*
Was sagst du dazu? Freilich, heut und morgen

Säh ich dich lieber noch auf deinem Acker.
Ich ruf dich, wenn ich dich zu Höh'rem brauche
Und dies kann bald sein. – Einen ersten Schritt, Herr Iberin
Hast du gemacht, doch nun wird Größeres nötig.
Das Reich, das ihr in diesen Wochen bautet
Wird es nicht ausgeweitet, schrumpft es ein.
Denn, wie ihr wißt, im Süden überm Meer
Wohnt dieses Volk, das unser Erbfeind ist
Des Untertanen eckige Köpfe haben
Was leider hier zu wenig noch bekannt ist.
Es deinen Callassen zu sagen, darin seh ich
Herr Iberin, jetzt deine neue Aufgab.
Denn auf uns zu zieht jetzt ein Krieg von solcher
Niemals gesehener Blutigkeit, daß jeder
Gesunde Mann aufs dringendste gebraucht wird.
Doch nun zum Essen, Freunde, nun zum Essen!
Ich denk, wir nehmen diesen Richtertisch
An dem wir vieles richteten, zum Eßtisch.
Du, Pächter, wart, ich schick dir von der Suppe.

DER PÄCHTER CALLAS *zu Nanna:* Hast du gehört, sie wollen
einen Krieg machen?

*Der Tisch wird gebracht, er ist gedeckt. Der Vizekönig, Missena, Isabella und die reichen Pachtherren gehen zu Tisch.*

DER VIZEKÖNIG *teilt mit einem großen Schöpflöffel die Suppe
aus:*
Erst kommt der Pächter, wie, Herr Iberin?
Man muß ihn füttern nun: er ist Soldat.
Zwei Teller her! Noch was? Wir sind schon hungrig.

DER INSPEKTOR Eure Exzellenz werden entschuldigen, aber die
zum Tode verurteilten Pächter von der Sichel warten auf die
Exekution. Jetzt sollen wohl auch sie freigelassen werden?

DER VIZEKÖNIG Wieso?

DER INSPEKTOR So soll die allgemeine Amnestie zu Ehren der
Rückkehr Eurer Exzellenz also für die Pächter von der
Sichel nicht gelten?

**DER VIZEKÖNIG**

Darüber hat Herr Iberin doch entschieden.
Sie sollten hängen, denk ich? Doch dem Callas
Als meinem lieben Pächter bring die Suppe!
*Der Hua bringt dem Callas und seiner Tochter die Suppe.*
*Sie setzen sich auf den Boden und essen. Der Hua aber geht*
*zur Tafel und wischt von dem Text »Exekution an 1 Pacht-*
*herrn und 200 Pächtern« die Worte »1 Pachtherrn und« mit*
*dem Ärmel weg. Dann stellt er sich hinter Callas.*

**DER HUA**

Iß nur deine Suppe, Callas, rühr nicht lange drin rum.
Du warst immer schlauer als die, und darum
Hast du es ja auch jetzt zu was gebracht
Und issest deine Suppe auf die Nacht.
*Unter die Galgen werden die Sichelleute, darunter Lopez,*
*geführt. Trommeln.*

**DER PÄCHTER LOPEZ** *zu Callas, vom Galgen aus:*

Schau her, Callas, das sind wir.
Wir gehörten einmal zu dir.
Wir sind Pächter gewesen, du bist es noch.
Wir sind nicht ins Joch gegangen, du gingest ins
          Joch.
Wer es nicht beugt, dem bricht man das Genick.
Für dich die Suppe, für uns der Strick.
Aber wir wollen lieber hängen
Als uns nach Bettelsuppe drängen.
Als du dich zu einem Rundkopf machen ließest
Und uns aus deiner Hütte wiesest
Als du dein gutes Gewehr weglegtest
Und dich lieber in Gerichten und Kanzleien bewegtest
Hast du ihnen geglaubt: wenn erst die Köpfe gleich
Gäb's auch nicht mehr dies schreckliche arm und reich.
Zwei Gäule hast du dir gestohlen
So wie sich die Diebe ihr Diebesgut holen.
Du machtest deinen Fischzug ganz allein

So sollte jedenfalls dir geholfen sein.
Die Gäule ließen sie dir dann
So lange als wir kämpften und keine Stunde länger, Mann!
Du glaubtest, einem Rundkopf werd etwas geschenkt
Da war es weg mit einem Federwisch.
Hier werden Spitz- und Rundkopf jetzt gehängt
Dort setzen Rund- und Spitzkopf sich zu Tisch.
Die alte Einteilung bricht durch mit Macht:
's ist die in arm und reich. Du hast gedacht
Du seist der Fischer, doch du warst der Fisch.

*Während der Ansprache des Pächters Lopez haben Callas und Nanna aufgehört, ihre Suppe zu löffeln. Sie sind aufgestanden. Die Pächter am Galgen singen das »Sichellied«.*

SICHELLIED

Bauer, steh auf!
Nimm deinen Lauf!
Laß es dich nicht verdrießen
Du wirst doch sterben müssen.
Niemand kann Hilf dir geben
Mußt selber dich erheben.
Nimm deinen Lauf!
Bauer, steh auf!

DIE PÄCHTER  Es lebe die Sichel!
*Das Trommeln ist stärker geworden und übertönt alles. Callas hat seinen und Nannas Teller ausgeschüttet und legt jetzt Stahlhelm und Mantel auf den Boden.*
DER PÄCHTER CALLAS *laut:* Lopez, Lopez, ich wollte, es wäre noch einmal der elfte September!
*Callas und Nanna ab. Während die Frühdämmerung rosig das Palais erfüllt, speisen an der Tafel des Vizekönigs rundköpfige und spitzköpfige Pachtherren, während unter seinen*

*Galgen spitzköpfige und rundköpfige Pächter zum Hängen*
*hergerichtet werden.*

DER VIZEKÖNIG

Mir aber bleibt, dir auszudrücken nun
Höchste Zufriedenheit, Herr Iberin.
Noch einmal hast du uns durch dein Prinzip
Der runden Köpfe und der spitzen Köpfe
Den Staat gerettet, der uns teuer ist
Und eine Ordnung, die uns sehr gewohnt.

IBERIN

Herr, diese Sichel, denk ich, dieses Zeichen
Des Aufruhrs und der Unzufriedenheit
In Eurem Land und Eurer Stadt ist's jetzt
Für ewig ausgetilgt.

DER VIZEKÖNIG *ihm lächelnd mit dem Finger drohend:*
                    Drum, lieber Freund
Jetzt nicht mehr Tschuch und Tschich!

IBERIN

                              Jawohl, mein Fürst.

MISSENA *erhebt sich:*

Und doch bleibt etwas dran von dieser Lehre:
Lernten wir doch, als Tschuchen uns zu fühlen!
Und gilt es nun, den Frieden zu erkämpfen –
Denn nun ist Friede unser einziger Wahlspruch
Friede und Friede und noch einmal Friede –
So sei's kein lauer, sondern ein tschuchischer Friede!
Und wer sich diesem Frieden in den Weg stellt, soll
Zerbrochen werden, wie's die Sichel wurd
Und ausgetilgt sein, wie sie ausgetilgt ist.
*Während seiner Rede hat sich ein großes Kanonenrohr über*
*den Eßtisch gesenkt.*

DER VIZEKÖNIG *sein Glas erhebend:*

Trinkt, Freunde, trinkt! Auf daß da bleibt, was ist!
*Rauchend zurückgelehnt singen die Pachtherren einen Rund-*
*gesang.*

## RUNDGESANG DER PACHTHERREN

Vielleicht vergeht uns so der Rest der Jahre?
Vielleicht vergehn die Schatten, die uns störten?
Und die Gerüchte, die wir kürzlich hörten
Die finster waren, waren nicht das Wahre.
Vielleicht, daß sie uns noch einmal vergessen
So wie wir gern auch sie vergessen hätten.
Wir setzen uns vielleicht noch oft zum Essen.
Vielleicht sterben wir noch in unsern Betten?
Vielleicht, daß sie uns nicht verdammen, sondern loben?
Vielleicht gibt uns die Nacht sogar das Licht her?
Vielleicht bleibt dieser Mond einst voll und wechselt nicht
         mehr?
Vielleicht fällt Regen doch von unten nach oben!

*Wenn der Gesang zu Ende ist, nimmt im Hof der Hua die Stellage von der Mauer: er braucht sie zum Hängen. Da kommt hinter ihr auf der neugetünchten Wand ein großes rotes Sichelzeichen zum Vorschein. Alle sehen es und betrachten es erstarrt. Die Pächter stimmen dumpf unter den Kappen das »Sichellied« an.*

## SICHELLIED

Bauer, steh auf!
Nimm deinen Lauf!
Laß es dich nicht verdrießen
Du wirst doch sterben müssen.
Niemand kann Hilf dir geben
Mußt selber dich erheben.
Nimm deinen Lauf!
Bauer, steh auf!

# Anmerkung

Entstehungszeit: 1931–34. Vorspruch (für *Versuche*-Heft 8, 1933, von dem nur der Umbruch des Stücks vorliegt): »Das Schauspiel ›Die Spitzköpfe und die Rundköpfe oder Reich und Reich gesellt sich gern‹ ist der 17. der ›Versuche‹. Dieses Schauspiel ist auf Grund von Besprechungen entstanden, welche eine Bühnenbearbeitung von Shakespeares ›Maß für Maß‹ bezweckten. Der Plan einer Erneuerung von ›Maß für Maß‹ wurde während der Arbeit fallengelassen.« Zu Beginn des Exils in Dänemark setzte Brecht die Arbeit an dem Stück fort; die neue Fassung mit dem Titel *Die Rundköpfe und die Spitzköpfe oder Reich und Reich gesellt sich gern – ein Greuelmärchen* – erschien im Malik-Verlag, London 1938. – *Das Lied von der Tünche* ist eine Weiterführung des *Songs von der Tünche* aus Brechts Entwurf für einen Dreigroschenfilm, der nicht gedreht wurde. Bis auf die ersten zwei Zeilen ist *Die Hymne des erwachenden Jahoo* identisch mit vier Strophen des zweiten Hitler-Chorals. Brecht verwendete nicht nur ein bereits geschriebenes, oft ein schon gedrucktes Gedicht oder Lied, meistens abgeändert, in einem Stück, sondern er behandelte umgekehrt häufig Gedichte oder Lieder aus Stücken, auch meistens mit Änderungen, als selbständige Texte, wie z. B. die *Ballade vom Wasserrad*, bei der der Refrain der letzten Strophe jetzt so lautet:

Denn dann dreht das Rad sich nicht mehr weiter
Und das heitre Spiel, es unterbleibt
Wenn das Wasser endlich mit befreiter
Stärke seine eigne Sach betreibt.

Als Lied der »Sichel« schlug Hanns Eisler, der die Musik zu dem Stück schrieb, eine Bearbeitung des Bauernliedes aus der Oper *Der Bergsee* von Julius Bittner vor. – Auf eine editorische Schwierigkeit sei hier hingewiesen, die sich auch an einigen Stellen in den Stücken *Leben Eduards des Zweiten von England, Aufstieg und Fall der Stadt Mahagonny, Die heilige Johanna der Schlachthöfe, Der aufhaltsame Aufstieg des Arturo Ui* sowie bei *Coriolan* herausgestellt hatte: Bei einigen Übergängen von Prosa- zu Verszeilen und umgekehrt erhoben sich Zweifel daran, ob bei früheren Abschriften bzw. Drucken diese Übergänge immer korrekt beachtet wurden; oder ob dort, wo Brecht eine Verszeile auf eine oder mehrere Typoskriptzeilen verteilt oder wo er eine verkürzte Verszeile vorgesehen hatte, diese Verteilung bzw. Verkürzung später bei Abschriften oder beim Abdruck verläßlich wiedergegeben worden war. Nach sorgfältiger Überprüfung wurden in einigen, freilich sehr wenigen Fällen Berichtigungen vorgenommen.

# Die Ausnahme und die Regel

Lehrstück

Mitarbeiter: E. Burri, E. Hauptmann

*Personen*

Der Kaufmann · Der Führer · Der Kuli · Zwei Polizisten · Der Wirt · Der Richter · Die Frau des Kulis · Der Leiter der zweiten Karawane · Zwei Beisitzer.

## DIE SPIELER

Wir berichten euch sogleich
Die Geschichte einer Reise. Ein Ausbeuter
Und zwei Ausgebeutete unternehmen sie.
Betrachtet genau das Verhalten dieser Leute:
Findet es befremdend, wenn auch nicht fremd
Unerklärlich, wenn auch gewöhnlich
Unverständlich, wenn auch die Regel.
Selbst die kleinste Handlung, scheinbar einfach
Betrachtet mit Mißtrauen! Untersucht, ob es nötig ist
Besonders das Übliche!
Wir bitten euch ausdrücklich, findet
Das immerfort Vorkommende nicht natürlich!
Denn nichts werde natürlich genannt
In solcher Zeit blutiger Verwirrung
Verordneter Unordnung, planmäßiger Willkür
Entmenschter Menschheit, damit nichts
Unveränderlich gelte.

WETTLAUF IN DER WÜSTE.

*Eine kleine Expedition hastet durch die Wüste.*

DER KAUFMANN *zu seinen zwei Begleitern, dem Führer und einem Kuli, der das Gepäck trägt:* Beeilt euch, ihr Faultiere, heute über zwei Tage müssen wir bis zur Station Han gekommen sein, denn wir müssen einen ganzen Tag Vorsprung herausquetschen. *Zum Publikum:* Ich bin der Kaufmann Karl Langmann und reise nach Urga, um die Schlußverhandlungen über eine Konzession zu führen. Hinter mir her kommen meine Konkurrenten. Wer zuerst ankommt, macht das Geschäft. Durch meine Schlauheit und meine Energie bei der Überwindung aller Schwierigkeiten und meine Unerbittlichkeit gegen mein Personal habe ich die Reise bisher beinahe in der Hälfte der üblichen Zeit gemacht. Leider haben auch meine Konkurrenten dasselbe Tempo erreicht. *Er sieht durch sein Fernglas nach hinten.* Seht ihr, da sind sie uns schon wieder auf den Fersen! *Zum Führer:* Warum treibst du den Träger nicht an? Ich habe dich engagiert, damit du ihn antreibst, aber ihr wollt spazierengehen für mein Geld. Hast du eine Ahnung, was die Reise kostet? Euer Geld ist es ja nicht. Aber wenn du Sabotage treibst, zeige ich dich in Urga bei der Stellenvermittlung an.

DER FÜHRER *zum Träger:* Bemühe dich, rascher zu laufen.

DER KAUFMANN Du hast nicht den richtigen Ton im Hals, du wirst es nie zu einem richtigen Führer bringen. Ich hätte einen teureren nehmen sollen. Sie holen immer mehr auf. So schlag den Kerl doch! Ich bin nicht für Schlagen, aber jetzt muß man schlagen. Wenn ich nicht zuerst ankomme, bin ich ruiniert. Du hast dir deinen Bruder als Träger genommen, gesteh's! Er ist ein Verwandter, darum schlägst du nicht. Ich kenne euch doch. An Roheit fehlt es nicht bei euch. Schlag, oder ich entlasse dich! Deinen Lohn kannst du dann einklagen. Um Gottes willen, wir werden eingeholt!

DER KULI *zum Führer:* Schlag mich, aber nicht mit deiner äußersten Kraft, denn wenn ich bis zur Station Han kommen will, darf ich meine äußerste Kraft jetzt noch nicht einsetzen.

*Der Führer schlägt den Kuli.*

RUFE *von hinten:* Hallo! Geht hier der Weg nach Urga? Hier gut Freund! Wartet auf uns!

DER KAUFMANN *antwortet nicht und schaut auch nicht zurück:* Der Teufel hole euch! Vorwärts! Drei Tage treibe ich meine Leute an, zwei Tage mit Schimpfreden, am dritten mit Versprechungen, in Urga wird man weitersehen. Immer sind mir meine Konkurrenten auf den Fersen, aber die zweite Nacht marschiere ich durch und bin endlich außer Sichtweite und erreiche die Station Han am dritten Tage, einen Tag früher als jeder andere. *Er singt:*
Daß ich nicht schlief, hat mir den Vorsprung verschafft.
Daß ich antrieb, hat mich vorwärts gebracht.
Der schwache Mann bleibt zurück und der starke kommt an.

2

ENDE DER VIELBEGANGENEN STRASSE.

DER KAUFMANN *vor der Station Han:* Hier ist die Station Han. Gott sei Dank, ich habe sie erreicht, einen Tag früher als jeder andere. Meine Leute sind erschöpft. Außerdem sind sie erbittert gegen mich. Sie haben keinen Sinn für Rekorde. Es sind keine Kämpfer. Es ist ein niedriges Gesindel, das am

Boden klebt. Sie wagen natürlich nicht, etwas zu sagen, denn es gibt ja Gott sei Dank noch Polizei, die für Ordnung sorgt.

ZWEI POLIZISTEN *treten heran:* Alles in Ordnung, Herr? Sind Sie zufrieden mit der Straße? Sind Sie zufrieden mit Ihrem Personal?

DER KAUFMANN Alles in Ordnung. Ich habe die Reise hierher in drei Tagen gemacht anstatt in vier. Die Straße ist saumäßig, aber ich pflege durchzusetzen, was ich mir vorgenommen habe. Wie ist die Straße von der Station Han ab? Was kommt jetzt?

DIE POLIZISTEN Jetzt, Herr, kommt die menschenleere Wüste Jahí.

DER KAUFMANN Kann man da eine Polizeieskorte bekommen?

DIE POLIZISTEN *im Weitergehen:* Nein, Herr, wir sind die letzte Polizeistreife, die Sie sehen werden, Herr.


3

DIE ENTLASSUNG DES FÜHRERS AUF DER STATION HAN.


DER FÜHRER Seit wir auf der Straße vor der Station mit den Polizisten gesprochen haben, ist unser Kaufmann wie ausgewechselt. Sein Ton, in dem er mit uns spricht, ist ein ganz anderer geworden: er ist fast freundlich. Mit dem Tempo der Reise hat dies nichts zu tun, denn es ist auch auf dieser Station, der letzten vor der Wüste Jahí, kein Ruhetag angesetzt worden. Ich weiß nicht, wie ich den Träger in so erschöpftem Zustand bis nach Urga bringen soll. Alles in allem beunruhigt mich dieses freundliche Verhalten des Kaufmanns sehr. Ich fürchte, er plant etwas mit uns. Er geht viel herum, in Nachdenken versunken. Neue Gedanken, neue Gemeinheiten. Was immer er ausheckt, ich und der Träger müssen es aushalten. Denn sonst zahlt er uns den Lohn nicht oder jagt uns fort mitten in der Wüste.

DER KAUFMANN *nähert sich:* Nimm Tabak. Hier ist Zigarettenpapier. Für einen Lungenzug geht ihr ja durchs Feuer. Ich weiß nicht, was ihr alles anstellen könntet, um diesen Rauch in den Hals zu bekommen. Gott sei Dank haben wir genügend bei uns. Unser Tabak reicht dreimal bis Urga.

DER FÜHRER *nimmt den Tabak, bei sich:* Unser Tabak!

DER KAUFMANN Setzen wir uns doch, mein Freund. Warum setzt du dich nicht? Solch eine Reise bringt zwei Leute einander menschlich näher. Aber wenn du nicht willst, kannst du natürlich auch stehen bleiben. Ihr habt ja auch eure Gebräuche. Ich setze mich nicht mit dir für gewöhnlich und du setzt dich nicht mit einem Träger. Das sind Unterschiede, auf denen die Welt aufgebaut ist. Aber rauchen können wir zusammen. Nein? *Er lacht.* Das gefällt mir an dir. Es ist auch eine Art Würde. Also, pack das Zeug vollends zusammen. Und vergiß das Wasser nicht. Es soll wenig Wasserlöcher geben in der Wüste. Übrigens, mein Freund, wollte ich dich warnen: hast du bemerkt, wie der Träger dich anschaute, wenn du ihn hart anfaßtest? Er hatte so ein gewisses Etwas im Blick, das auf nichts Gutes hindeutete. Du wirst ihn aber noch ganz anders anfassen müssen in den nächsten Tagen, denn wir müssen unser Tempo womöglich noch verstärken. Und das ist ein fauler Bursche. Die Gegend, in die wir jetzt kommen, ist menschenleer, da wird er vielleicht sein wahres Gesicht zeigen. Ja, du bist ein besserer Mann, du verdienst mehr und brauchst nichts zu tragen. Grund genug, daß er dich haßt. Es wird gut sein, wenn du dich von ihm fernhältst. *Der Führer geht durch eine offene Tür in den Nebenhof. Der Kaufmann ist allein sitzen geblieben.* Komische Leute.

*Der Kaufmann bleibt schweigend sitzen. Der Führer be-*
*aufsichtigt nebenan den Träger beim Packen. Dann setzt er*
*sich und raucht. Wenn der Kuli fertig ist, setzt er sich hin*
*und bekommt von ihm Tabak und Zigarettenpapier und be-*
*ginnt ein Gespräch mit ihm.*

DER KULI Der Kaufmann sagt immer, daß der Menschheit ein
Dienst erwiesen wird, wenn das Öl aus dem Boden geholt
wird. Wenn das Öl aus dem Boden geholt ist, wird es hier
Eisenbahnen geben und Wohlstand sich ausbreiten. Der
Kaufmann sagt, es wird hier Eisenbahnen geben. Wovon
soll ich dann leben?

DER FÜHRER Sei ganz ruhig. Es wird so bald keine Eisenbahnen geben. Ich höre, daß das Öl, wenn es entdeckt ist, ver-
steckt wird. Der das Loch zustopft, aus dem das Öl kommt,
erhält Schweigegeld. Darum beeilt sich der Kaufmann so.
Er will gar nicht das Öl, er will das Schweigegeld.

DER KULI Das verstehe ich nicht.

DER FÜHRER Keiner versteht das.

DER KULI Der Weg durch die Wüste wird wohl noch schlechter
werden. Hoffentlich werden meine Füße durchhalten.

DER FÜHRER Sicher.

DER KULI Gibt es Räuber hier?

DER FÜHRER Wir werden nur heute am ersten Reisetag auf-
merken müssen, in der Nähe der Station sammelt sich aller-
lei Gesindel an.

DER KULI Und dann?

DER FÜHRER Wenn wir den Fluß Mir hinter uns haben, wird es
darauf ankommen, den Wasserlöchern entlang zu marschieren.

DER KULI Du kennst den Weg?

DER FÜHRER Ja.

*Der Kaufmann hat sprechen hören. Er tritt hinter die Tür,*
*um zu horchen.*

DER KULI Ist der Fluß Mir schwierig zu überschreiten?

DER FÜHRER In dieser Jahreszeit im allgemeinen nicht. Aber

wenn er Hochwasser hat, reißt er sehr stark und ist lebensgefährlich.

DER KAUFMANN Er spricht wirklich mit dem Träger. Bei ihm kann er sitzen! Mit ihm raucht er!

DER KULI Was macht man dann?

DER FÜHRER Man muß oft acht Tage warten, bis man ohne Gefahr hinüberkommt.

DER KAUFMANN Sieh mal an! Er gibt ihm noch den Rat, sich ja Zeit zu lassen und auf sein kostbares Leben ja recht achtzugeben! Das ist ein gefährlicher Bursche. Er wird ihm noch Vorschub leisten. Auf keinen Fall ist er der Mann, der hier durchgreift. Wenn er nicht noch zu Schlimmerem fähig ist. Schließlich sind es ab heute zwei gegen einen, zumindest aber fürchtet er sich ganz offenkundig, den unter seinem Kommando Stehenden scharf anzupacken, jetzt, wo die Gegenden menschenleer werden. Dieses Burschen muß ich mich unbedingt entledigen. *Er geht zu den beiden hinein.* Ich habe dir den Auftrag gegeben, zu kontrollieren, ob richtig gepackt wurde. Jetzt wollen wir einmal sehen, ob du meine Aufträge ausführst. *Er zerrt heftig an einem Tragriemen, bis dieser reißt.* Heißt das gepackt? Wenn der Riemen reißt, haben wir einen Tag Aufenthalt. Aber das ist es ja gerade, was du willst: Aufenthalt.

DER FÜHRER Ich will keinen Aufenthalt. Und der Riemen reißt nicht, wenn an ihm nicht gezerrt wird.

DER KAUFMANN Was, du widersprichst auch noch? Ist der Riemen gerissen oder nicht? Wage es, mir ins Gesicht hinein zu behaupten, er sei nicht gerissen! Du bist überhaupt unzuverlässig. Ich habe einen Fehler gemacht, als ich dich anständig behandelte, ihr vertragt das nicht. Ich kann keinen Führer brauchen, der sich beim Personal keinen Respekt verschaffen kann. Du scheinst dich eher zum Träger als zum Führer zu eignen. Ich habe Gründe dafür, anzunehmen, daß du sogar das Personal aufhetzt.

DER FÜHRER Welche Gründe?

DER KAUFMANN  Ja, das möchtest du wissen! Also, du bist entlassen!

DER FÜHRER  Aber Sie können mich doch nicht auf halbem
Wege entlassen.

DER KAUFMANN  Du mußt noch froh sein, wenn ich dich nicht in
Urga bei der Stellenvermittlung anzeige. Hier hast du deinen Lohn, und zwar bis hierher. *Er ruft den Wirt, der
kommt.* Sie sind Zeuge: ich habe den Lohn ausbezahlt. *Zum
Führer:* Ich kann dir jetzt schon sagen, daß du dich besser
in Urga nicht mehr blicken läßt. *Betrachtet ihn von oben bis
unten.* Du wirst es nie zu etwas bringen. *Er geht mit dem
Wirt ins andere Zimmer.* Ich breche sofort auf. Wenn mir
etwas passiert, Sie sind Zeuge, daß ich mit dem Mann da –
*zeigt auf den Kuli nebenan* – heute allein von hier aufge-
brochen bin.

*Der Wirt deutet durch Gesten an, daß er nichts versteht.*

DER KAUFMANN  *betroffen:* Er versteht nicht. Es wird also niemanden geben, der sagen kann, wohin ich gegangen bin.
Und das Schlimmste ist, daß diese Burschen wissen, daß es
niemanden gibt.

*Er setzt sich und schreibt einen Brief.*

DER FÜHRER  *zum Kuli:* Ich habe einen Fehler gemacht, als ich
mich zu dir setzte. Nimm dich in acht, das ist ein schlechter
Mann. *Er gibt ihm seine Wasserflasche.* Behalte diese Flasche
als Reserve, versteck sie. Wenn ihr euch verirren solltet –
wie willst du den Weg finden? –, wird er dir sicher deine abnehmen. Ich werde dir den Weg erklären.

DER KULI  Tu es lieber nicht. Er darf dich nicht mit mir reden
hören, und, wenn er mich davonjagt, bin ich verloren. Mir
braucht er überhaupt nichts zu zahlen, denn ich bin nicht wie
du in einer Gewerkschaft: ich muß mir alles gefallen lassen.

DER KAUFMANN  *zum Wirt:* Geben Sie diesen Brief den Leuten,
die morgen hier ankommen und auch nach Urga gehen. Ich
werde mit meinem Träger allein weitermarschieren.

DER WIRT  *nickt und nimmt den Brief:* Aber er ist kein Führer.

DER KAUFMANN *für sich:* Er versteht also doch! Er wollte also vorhin nicht verstehen! Er kennt das schon. Er macht keinen Zeugen in solchen Sachen. *Zum Wirt, barsch:* Erklären Sie meinem Träger den Weg nach Urga.

*Der Wirt geht hinaus und erklärt dem Kuli den Weg nach Urga. Der Kuli nickt oftmals eifrig mit dem Kopf.*

DER KAUFMANN Ich sehe, es wird einen Kampf geben. *Er holt seinen Revolver heraus und reinigt ihn. Dabei singt er:*

Der kranke Mann stirbt und der starke Mann ficht.
Warum sollte der Boden das Öl hergeben?
Warum sollte der Kuli meinen Packen schleppen?
Um Öl muß gekämpft werden
Mit dem Boden und mit dem Kuli
Und in diesem Kampf heißt es:
Der kranke Mann stirbt und der starke Mann ficht.

*Er tritt reisefertig in den anderen Hof.* Kennst du jetzt den Weg?

DER KULI Ja, Herr.

DER KAUFMANN Dann los.

*Der Kaufmann und der Kuli gehen hinaus. Der Wirt und der Führer sehen ihnen nach.*

DER FÜHRER Ich weiß nicht, ob mein Kollege wirklich begriffen hat. Er hat zu rasch begriffen.


4

GESPRÄCH IN EINER GEFÄHRLICHEN GEGEND.


DER KULI *singt:*
Ich gehe nach der Stadt Urga

Unaufhaltsam gehe ich nach Urga
Die Räuber halten mich nicht ab von Urga
Die Wüste hält mich nicht zurück von Urga
Essen gibt es in Urga und Lohn.

DER KAUFMANN Wie sorglos ist dieser Kuli! Das ist eine Gegend, in der es Räuber gibt, allerhand Gesindel, das sich
in der Nähe der Station sammelt. Und er singt. *Zum Kuli:*
Dieser Führer hat mir nie gefallen. Einmal war er roh, einmal war er speichelleckerisch. Kein ehrlicher Mann.

DER KULI Ja, Herr. *Er singt wieder:*
Die Straßen sind beschwerlich bis Urga
Hoffentlich halten meine Füße durch bis Urga
Die Leiden sind unermeßlich bis Urga
Aber in Urga gibt es Ausruhen und Lohn.

DER KAUFMANN Warum singst du eigentlich und bist so fröh-
lich, mein Freund? Du fürchtest wohl die Räuber nicht? Du
meinst wohl, was sie dir nehmen können, das gehört dir
nicht, denn was du zu verlieren hast, das gehört mir.

DER KULI *singt:*
Auch meine Frau erwartet mich in Urga
Auch mein kleiner Sohn erwartet mich in Urga
Auch ...

DER KAUFMANN *ihn unterbrechend:* Mir gefällt dein Singen
nicht. Wir haben keinen Grund zum Singen. Man hört dich
ja bis nach Urga. So lockt man ja das Gesindel geradezu
an. Du kannst morgen wieder singen, soviel du willst.
DER KULI Ja, Herr.
DER KAUFMANN *der vorausgeht:* Er würde sich keinen Augenblick wehren, wenn man ihm seine Sachen wegnähme.
Was würde er tun? Es wäre seine Pflicht, das Meine so zu

betrachten wie das Seine, wenn es in Gefahr ist. Aber das würde er niemals. Schlechte Rasse. Er spricht auch nichts. Das sind die Schlimmsten. Ich kann ja in seinen Kopf nicht hineinsehen. Was hat er vor? Er hat nichts zu lachen und lacht. Worüber lacht er? Warum läßt er mich zum Beispiel vorangehen? Er weiß doch den Weg! Wohin führt er mich überhaupt? *Er schaut sich um und sieht, wie der Kuli Spuren im Sand hinter sich mit einem Tuch verwischt.* Was machst du denn da?

DER KULI Ich verwische unsere Spuren, Herr.

DER KAUFMANN Und warum machst du das?

DER KULI Der Räuber wegen.

DER KAUFMANN So, der Räuber wegen. Man soll aber sehen, wohin du mich geführt hast. Wohin führst du mich denn überhaupt? Geh voraus! *Sie gehen schweigend weiter. Der Kaufmann zu sich:* In diesem Sand sind die Spuren wirklich sehr deutlich zu sehen. Eigentlich wäre es natürlich sehr gut, die Spuren zu verwischen.

5

AM REISSENDEN FLUSS.

DER KULI Wir sind ganz richtig gegangen, Herr. Was wir dort sehen, ist der Fluß Mir. Zu dieser Jahreszeit ist er im allgemeinen nicht schwierig zu überschreiten, aber wenn er Hochwasser hat, reißt er sehr stark und ist lebensgefährlich. Er hat Hochwasser.

DER KAUFMANN Wir müssen hinüber.

DER KULI Man muß oft acht Tage warten, bis man ohne Gefahr hinüberkommt. Jetzt ist es lebensgefährlich.

DER KAUFMANN Das werden wir ja sehen. Wir können keinen Tag warten.

DER KULI Dann müssen wir eine Furt suchen oder einen Kahn.

DER KAUFMANN Das dauert zu lange.

DER KULI Ich kann aber sehr schlecht schwimmen.

DER KAUFMANN Das Wasser ist nicht so hoch.

DER KULI *steckt einen Stecken hinein:* Es ist höher als ich.

DER KAUFMANN Wenn du erst im Wasser bist, wirst du auch schwimmen. Denn dann mußt du. Siehst du, du kannst das nicht so überblicken wie ich. Warum müssen wir nach Urga? Kannst du Dummkopf nicht verstehen, daß der Menschheit ein Dienst erwiesen wird, wenn das Öl aus dem Boden geholt wird? Wenn das Öl aus dem Boden heraus ist, wird es hier Eisenbahnen geben und Wohlstand sich ausbreiten. Es wird Brot und Kleider geben und Gott weiß was. Und wer wird das machen? Wir. Von unserer Reise hängt es ab. Stelle dir vor, daß auf dich gleichsam die Augen dieses ganzen Landes gerichtet sind, auf dich, einen kleinen Mann. Und da zauderst du, deine Pflicht zu tun?

DER KULI *hat während dieser Rede ehrfürchtig genickt:* Ich kann nicht gut schwimmen.

DER KAUFMANN Ich wage doch auch mein Leben. *Der Kuli nickt ehrerbietig.* Ich verstehe dich nicht. Von niederen, gewinnsüchtigen Erwägungen geleitet, hast du gar kein Interesse, die Stadt Urga möglichst bald, sondern das Interesse, sie möglichst spät zu erreichen, da du ja tagweise bezahlt wirst. Die Reise interessiert dich also gar nicht wirklich, sondern nur der Lohn.

DER KULI *steht am Ufer und zögert:* Was soll ich machen? *Er singt:*
Hier ist der Fluß.
Ihn zu durchschwimmen, ist gefährlich.
An seinem Ufer stehen zwei Männer.
Der eine durchschwimmt ihn, der andere

Zögert. Ist der eine mutig?
Ist der andere feige? Jenseits des Flusses
Hat der eine ein Geschäft.

Aus der Gefahr steigt der eine
Aufatmend an das eroberte Ufer.
Er betritt sein Besitztum
Er ißt neues Essen.
Aber der andere steigt aus der Gefahr
Keuchend ins Nichts.
Ihn empfängt, den Geschwächten
Neue Gefahr. Sind sie beide tapfer?
Sind sie beide weise?
Ach! Aus dem gemeinsam besiegten Fluß
Steigen nicht z w e i Sieger.

Wir und: ich und du
Das ist nicht dasselbe.
Wir erringen den Sieg
Und du besiegst mich.

Gestatte wenigstens, daß ich einen halben Tag ausruhe. Ich
bin müde vom Schleppen. Ausgeruht kann ich vielleicht hin-
überkommen.

DER KAUFMANN Ich weiß ein besseres Mittel. Ich werde dir den
Revolver in den Rücken halten. Wetten wir, daß du hin-
überkommst? *Er stößt ihn vor sich her. Zu sich:* Mein Geld
macht mich die Räuber fürchten und den Fluß vergessen.
*Er singt:*

So überwindet der Mensch
Die Wüste und den reißenden Fluß
Und überwindet sich selbst, den Menschen
Und gewinnt das Öl, das gebraucht wird.

# 6

DAS NACHTLAGER.

*Am Abend versucht der Kuli, dessen einer Arm gebrochen ist, das Zelt aufzuschlagen. Der Kaufmann sitzt dabei.*

DER KAUFMANN  Ich habe dir doch gesagt, daß du heute das Zelt nicht aufzubauen brauchst, weil du dir beim Übergang über den Fluß den Arm gebrochen hast. *Der Kuli baut schweigend weiter.* Wenn ich dich nicht aus dem Wasser gezogen hätte, wärst du ertrunken. *Der Kuli baut weiter.* Wenn ich auch an deinem Unfall nicht schuld bin – der Baumstrunk hätte geradesogut mich treffen können –, so ist dir dieses Mißgeschick immerhin auf einer Reise mit mir zugestoßen. Ich habe nur sehr wenig bares Geld bei mir, aber in Urga ist meine Bank, da werde ich dir Geld geben.

DER KULI  Ja, Herr.

DER KAUFMANN  Spärliche Antwort. Mit jedem Blick läßt er mich merken, daß ich ihn geschädigt habe. Diese Kulis sind ein heimtückisches Pack! *Zum Kuli:* Du kannst dich niederlegen. *Er geht weg und setzt sich abseits nieder.* Sicher macht ihm sein Mißgeschick weniger aus als mir. Dieses Gesindel kümmert sich nicht viel darum, ob es ganz oder lädiert ist. So was hebt sich nicht höher als bis zu einer Schüssel Rand. Von Natur bresthaft, kümmern sie sich nicht mehr um sich. Wie einer etwas wegwirft, was ihm nicht gelungen ist, werfen sie sich selber weg, das Mißlungene. Nur der Gelungene kämpft. *Er singt:*

Der kranke Mann stirbt und der starke Mann ficht
Und das ist gut so.
Dem Starken wird geholfen, dem Schwachen hilft man nicht
Und das ist gut so.

Laß fallen, was fällt, gib ihm noch einen Tritt
Denn das ist gut so.
Es setzt sich zum Essen, wer den Sieg sich erstritt
Das ist gut so.
Und der Koch nach der Schlacht zählt die Toten nicht mit
Und er tut gut so.
Und der Gott der Dinge, wie sie sind, schuf Herr und
                Knecht!
Und das war gut so.
Und wem's gut geht, der ist gut; und wem's schlecht geht,
                der ist schlecht
Und das ist gut so.

*Der Kuli ist hinzugetreten. Der Kaufmann erblickt ihn und erschrickt.* Er hat zugehört! Halt! Bleib stehen! Was willst du?

DER KULI Das Zelt ist fertig, Herr.

DER KAUFMANN Schleiche nicht so herum in der Nacht. Das paßt mir nicht. Ich will den Tritt hören, wenn der Mann kommt. Und ich wünsche auch einem Mann in die Augen zu sehen, wenn ich mit ihm spreche. Leg dich nieder, kümmere dich nicht zu sehr um mich. *Der Kuli geht zurück.* Halt! Du gehst ins Zelt! Ich sitze hier, weil ich frische Luft gewöhnt bin. *Der Kuli geht ins Zelt.* Ich möchte wissen, wieviel er von meinem Lied gehört hat. *Pause.* Was macht er wohl jetzt? Er hantiert immer noch.

*Man sieht den Kuli sorgfältig das Lager bereiten.*

DER KULI Hoffentlich merkt er nichts. Ich kann so schlecht Gras schneiden mit dem einen Arm.

DER KAUFMANN Ein Dummkopf, wer sich nicht vorsieht. Vertrauen ist Dummheit. Der Mann ist durch mich geschädigt worden, unter Umständen für die Zeit seines Lebens. Es ist nur richtig von ihm, wenn er es mir zurückzahlt. Und der schlafende starke Mann ist nicht stärker als der schlafende schwache. Der Mensch sollte nicht schlafen müssen. Allerdings wäre es besser, im Zelt zu sitzen; hier im Freien drohen Krankheiten. Aber welche Krankheit könnte so gefährlich sein, wie der Mensch es ist? Für wenig Geld geht der Mann neben mir, der ich viel Geld habe. Aber die Straße ist uns beiden gleich beschwerlich. Als er müde war, wurde er geschlagen. Als der Führer sich zu ihm setzte, wurde der Führer entlassen. Als er, vielleicht wirklich der Räuber wegen, unsere Spuren im Sand verwischte, wurde ihm Mißtrauen gezeigt. Als er Furcht zeigte am Fluß, bekam er meinen Revolver zu sehen. Wie kann ich mit einem solchen Mann in einem Zelt schlafen? Er kann mir doch nicht vormachen, daß er sich das alles gefallen läßt! Ich möchte wissen, was er jetzt da drinnen ausbrütet! *Man sieht den Kuli im Zelt sich friedlich zum Schlafen legen.* Ich wäre ein Narr, wenn ich ins Zelt ginge.

# 7

DAS GETEILTE WASSER.

a

DER KAUFMANN Warum bleibst du stehen?

DER KULI Herr, die Straße hört auf.

DER KAUFMANN Und?

DER KULI Herr, wenn du mich schlägst, schlage mich nicht auf den kranken Arm. Ich weiß den Weg nicht weiter.

DER KAUFMANN Aber der Mann auf der Station Han hat ihn dir doch erklärt.

DER KULI Ja, Herr.

DER KAUFMANN Als ich dich fragte, ob du ihn verstanden hast, hast du ja gesagt.

DER KULI Ja, Herr.

DER KAUFMANN Und du hast ihn nicht verstanden?

DER KULI Nein, Herr!

DER KAUFMANN Warum hast du dann ja gesagt?

DER KULI Ich hatte Furcht, du jagst mich davon. Ich weiß nur, daß es den Wasserlöchern entlang gehen soll.

DER KAUFMANN Dann geh den Wasserlöchern entlang.

DER KULI Ich weiß aber nicht, wo sie sind.

DER KAUFMANN Geh weiter! Und versuche nicht, mich dumm zu machen. Ich weiß doch, daß du den Weg schon früher gegangen bist.

*Sie gehen weiter.*

DER KULI Aber wäre es nicht besser, wir warteten auf die hinter uns?

DER KAUFMANN Nein.

*Sie gehen weiter.*


b

DER KAUFMANN Wohin läufst du eigentlich? Das ist doch jetzt nach Norden. Osten ist dort. *Der Kuli geht in dieser Richtung weiter.* Halt! Was fällt dir denn ein? *Der Kuli bleibt stehen, schaut aber den Herrn nicht an.* Warum siehst du mir denn nicht in die Augen?

DER KULI Ich dachte, dort sei Osten.

DER KAUFMANN Du wart einmal, Bursche! Dir werde ich schon zeigen, wie man mich führt. *Er schlägt ihn.* Weißt du jetzt, wo Osten ist?

DER KULI *brüllt:* Nicht auf den Arm.

DER KAUFMANN Wo ist Osten?

DER KULI Dort.

DER KAUFMANN Und wo sind die Wasserlöcher?

DER KULI Dort.

DER KAUFMANN *rasend:* Dort? Aber du gingst dorthin!

DER KULI Nein, Herr.

DER KAUFMANN So, du gingst nicht dorthin? Gingst du dorthin? *Er schlägt ihn.*

DER KULI Ja, Herr.

DER KAUFMANN Wo sind die Wasserlöcher? *Der Kuli schweigt. Der Kaufmann, scheinbar ruhig:* Du sagtest doch eben, du weißt, wo die Wasserlöcher sind? Weißt du es? *Der Kuli schweigt. Der Kaufmann schlägt ihn:* Weißt du es?

DER KULI Ja.

DER KAUFMANN *schlägt ihn:* Weißt du es?

DER KULI Nein.

DER KAUFMANN Gib deine Wasserflasche her. *Der Kuli gibt sie ihm.* Ich könnte mich jetzt auf den Standpunkt stellen, daß das ganze Wasser mir gehört, denn du hast mich falsch geführt. Aber ich tue es nicht: ich teile das Wasser mit dir. Nimm deinen Schluck, und dann weiter. *Zu sich:* Ich habe mich vergessen; ich hätte ihn in dieser Lage nicht schlagen dürfen. *Sie gehen weiter.*

DER KAUFMANN Hier waren wir schon. Da, die Spuren.

DER KULI Als wir hier waren, konnten wir noch nicht weit vom Weg abgekommen sein.

DER KAUFMANN Schlag das Zelt auf. Unsere Flasche ist leer. In meiner Flasche habe ich nichts. *Der Kaufmann setzt sich nieder, während der Kuli das Zelt aufschlägt. Der Kaufmann trinkt heimlich aus seiner Flasche. Zu sich:* Er darf nicht merken, daß ich noch zu trinken habe. Sonst wird er, hat er nur einen Funken Verstand in seinem Schädel, mich niederschlagen. Wenn er sich mir nähert, schieße ich. *Er zieht seinen Revolver und legt ihn in den Schoß.* Wenn wir nur das vorige Wasserloch wieder erreichen könnten! Mein Hals ist schon wie zugeschnürt. Wie lange kann ein Mensch Durst aushalten?

DER KULI Ich muß ihm die Flasche aushändigen, die mir der

Führer auf der Station gegeben hat. Sonst, wenn sie uns
finden, und ich lebe noch, er aber ist halb verschmachtet,
machen sie mir den Prozeß.

*Er nimmt die Flasche und geht hinüber. Der Kaufmann
sieht ihn plötzlich vor sich stehen und weiß nicht, ob der Kuli
ihn hat trinken sehen oder nicht. Der Kuli hat ihn nicht
trinken sehen. Er hält ihm schweigend die Flasche hin. Der
Kaufmann aber, in der Meinung, es sei einer der großen
Feldsteine und der Kuli, erzürnt, wolle ihn erschlagen,
schreit laut auf.*

DER KAUFMANN Tu den Stein weg! *Und mit einem Revolver-
schuß streckt er den Kuli nieder, als der, nicht verstehend,
die Flasche ihm weiter hinhält.* Also doch! So, du Bestie.
Jetzt hast du's.

8

LIED VON DEN GERICHTEN.

*Gesungen von den Spielern, während sie die Bühne für die
Gerichtsszene umbauen.*

Im Troß der Räuberhorden
Ziehen die Gerichte.
Wenn der Unschuldige erschlagen ist
Sammeln sich die Richter über ihm und verdammen ihn.
Am Grab des Erschlagenen
Wird sein Recht erschlagen.

Die Sprüche des Gerichts
Fallen wie die Schatten der Schlachtmesser.

Ach, das Schlachtmesser ist doch stark genug! Was
        braucht es
Als Begleitbrief das Urteil?

Sieh den Flug! Wohin fliegen die Aasgeier?
Die nahrungslose Wüste vertrieb sie:
Die Gerichtshöfe werden ihnen Nahrung geben.
Dorthin fliehen die Mörder. Die Verfolger
Sind dort in Sicherheit. Und dort
Verstecken die Diebe ihr Diebesgut, eingewickelt
In ein Papier, auf dem ein Gesetz steht.

)

ERICHT.

*)er Führer und die Frau des Getöteten sitzen schon im Ge-
ichtssaal.*

)ER FÜHRER *zur Frau:* Sind Sie die Frau des Getöteten? Ich
    bin der Führer, der Ihren Mann engagiert hat. Ich habe ge-
    hört, daß Sie in diesem Prozeß die Bestrafung des Kauf-
    manns und Schadenersatz verlangen. Ich bin sogleich her-
    gekommen, denn ich habe den Beweis, daß Ihr Mann un-
    schuldig getötet wurde. Er ist hier in meiner Tasche.
)ER WIRT *zum Führer:* Ich höre, daß du einen Beweis in der
    Tasche hast. Ich gebe dir einen Rat: laß ihn in der Tasche.
)ER FÜHRER Aber soll die Frau des Kulis leer ausgehen?
)ER WIRT Aber willst du auf die schwarze Liste kommen?
)ER FÜHRER Ich werde deinen Rat bedenken.

*Das Gericht nimmt Platz, auch der angeklagte Kaufmann*
*sowie die zweite Karawane und der Wirt.*

DER RICHTER Ich eröffne die Verhandlung. Die Frau des Getöteten hat das Wort.

DIE FRAU Mein Mann hat diesem Herrn das Gepäck durch die Wüste Jahi getragen. Kurz vor Beendigung der Reise hat ihn der Herr niedergeschossen. Wenn mein Mann dadurch auch nicht wieder lebendig wird, so verlange ich doch, daß sein Mörder bestraft wird.

DER RICHTER Außerdem verlangen Sie einen Schadenersatz.

DIE FRAU Ja, weil mein kleiner Sohn und ich den Ernährer verloren haben.

DER RICHTER *zur Frau:* Ich mache Ihnen ja keinen Vorwurf. Der materielle Anspruch schändet Sie gar nicht. *Zur zweiten Karawane:* Hinter der Expedition des Kaufmanns Karl Langmann kam eine Expedition, der sich auch der entlassene Führer der ersteren angeschlossen hatte. Man sichtete kaum eine Meile von der Route entfernt, die verunglückte Expedition. Was sahen Sie, als Sie näher kamen?

DER LEITER DER ZWEITEN KARAWANE Der Kaufmann hatte nur noch ganz wenig Wasser in der Flasche, und sein Träger lag erschossen im Sand.

DER RICHTER *zum Kaufmann:* Haben Sie den Mann erschossen?

DER KAUFMANN Ja. Er griff mich unvermutet an.

DER RICHTER Wie griff er Sie an?

DER KAUFMANN Er wollte mich hinterrücks mit einem Feldstein erschlagen.

DER RICHTER Haben Sie eine Erklärung für den Grund seines Angriffs?

DER KAUFMANN Nein.

DER RICHTER Haben Sie Ihre Leute sehr stark angetrieben?

DER KAUFMANN Nein.

DER RICHTER Ist hier der entlassene Führer, der den ersten Teil der Reise mitmachte?

DER FÜHRER Ich.

DER RICHTER Äußern Sie sich dazu.

DER FÜHRER Soviel ich wußte, handelte es sich für den Kaufmann darum, wegen einer Konzession möglichst rasch in Urga zu sein.

DER RICHTER *zum Leiter der zweiten Karawane:* Hatten Sie den Eindruck, daß die vor Ihnen marschierende Expedition ungewöhnlich schnell marschierte?

DER LEITER DER ZWEITEN KARAWANE Nein, nicht ungewöhnlich. Sie hatten einen ganzen Tag Vorsprung und hielten ihn.

DER RICHTER *zum Kaufmann:* Dazu müssen Sie doch aber angetrieben haben?

DER KAUFMANN Ich trieb überhaupt nicht an. Das war Sache des Führers.

DER RICHTER *zu dem Führer:* Hat Ihnen der Angeklagte nicht ausdrücklich nahegelegt, den Träger besonders anzutreiben?

DER FÜHRER Ich trieb nicht mehr an als gewöhnlich, eher weniger.

DER RICHTER Warum wurden Sie entlassen?

DER FÜHRER Weil ich mich nach Ansicht des Kaufmanns mit dem Träger zu freundlich stellte.

DER RICHTER Und das sollten Sie nicht? Hatten Sie den Eindruck, daß der Kuli, der also nicht freundlich behandelt werden durfte, ein aufsässiger Mensch war?

DER FÜHRER Nein, er ertrug alles, weil er, wie er mir sagte, Angst hatte, seine Arbeit zu verlieren. Er war in keiner Gewerkschaft.

DER RICHTER Hatte er also viel zu ertragen? Antworten Sie. Und besinnen Sie sich nicht immer auf Ihre Antworten! Die Wahrheit kommt ja doch heraus.

DER FÜHRER Ich war nur bis zur Station Han dabei.

DER WIRT *zu sich:* Richtig, Führer!

DER RICHTER *zum Kaufmann:* Ist danach etwas vorgefallen, was den Angriff des Kulis erklären könnte?

DER KAUFMANN Nein, nichts von meiner Seite.

DER RICHTER Hören Sie, Sie dürfen sich nicht weißer waschen wollen, als Sie sind. So kommen Sie ja nicht durch, Mann. Wenn Sie Ihren Kuli so mit Handschuhen angefaßt haben, wie erklären Sie dann den Haß des Kulis gegen Sie? Doch nur, wenn Sie den Haß glaubhaft machen können, können Sie auch glaubhaft machen, daß Sie in Notwehr gehandelt haben. Immer denken!

DER KAUFMANN Ich muß etwas gestehen. Ich habe ihn einmal geschlagen.

DER RICHTER Aha, und Sie glauben, daß aus diesem einen Mal bei dem Kuli solch ein Haß entstand?

DER KAUFMANN Nein, aber ich habe ihm doch den Revolver in den Rücken gehalten, als er nicht über den Fluß wollte. Und beim Übergang über den Fluß brach er sich doch den Arm. Auch daran war ich schuld.

DER RICHTER *lächelnd:* Nach Ansicht des Kulis.

DER KAUFMANN *ebenfalls lächelnd:* Natürlich. In Wirklichkeit habe ich ihn herausgezogen.

DER RICHTER Nun also. Nach der Entlassung des Führers gaben Sie dem Kuli Anlaß, Sie zu hassen. Und vorher? *Eindringlich zum Führer:* Geben Sie es doch zu, daß der Mensch den Kaufmann haßte. Wenn man es sich überlegt, ist es eigentlich selbstverständlich. Es ist ja begreiflich, daß ein Mann, der, schlecht entlohnt, mit Gewalt in Gefahren getrieben wird und für den Vorteil eines anderen sogar Schaden an seiner Gesundheit nimmt, für fast nichts sein Leben riskiert, dann diesen anderen haßt.

DER FÜHRER Er haßte ihn nicht.

DER RICHTER Wir wollen jetzt den Wirt der Station Han verhören, ob vielleicht er uns etwas berichten kann, woraus wir uns eine Vorstellung machen können über das Verhältnis des Kaufmanns zu seinem Personal. *Zum Wirt:* Wie hat der Kaufmann seine Leute behandelt?

DER WIRT Gut.

DER RICHTER Soll ich die Leute hier hinausschicken? Glauben

Sie, daß Sie in Ihrem Geschäft geschädigt werden, wenn Sie die Wahrheit sagen?

DER WIRT Nein, das ist in diesem Fall nicht nötig.

DER RICHTER Wie Sie wollen.

DER WIRT Er hat dem Führer sogar Tabak gegeben und ihm anstandslos seinen ganzen Lohn ausbezahlt. Und auch der Kuli wurde gut behandelt.

DER RICHTER Ihre Station ist die letzte Polizeistation auf dieser Route?

DER WIRT Ja, danach beginnt die menschenleere Wüste Jahí.

DER RICHTER Ah so! Es handelte sich also bei der Freundlichkeit des Kaufmanns mehr um eine durch die Umstände gegebene, wohl auch kurzbefristete, sozusagen taktische Freundlichkeit. Auch im Kriege ließen es sich unsere Offiziere ja angelegen sein, der Mannschaft, je näher man an die Front kam, desto menschlicher zu begegnen. Solche Freundlichkeiten haben natürlich nichts zu sagen.

DER KAUFMANN Er hatte zum Beispiel immer gesungen beim Marschieren. Von dem Augenblick an, wo ich ihn mit dem Revolver bedrohte, um ihn über den Fluß zu bringen, habe ich ihn auch nie mehr singen hören.

DER RICHTER Er war also völlig verbittert. Das ist ja begreiflich. Ich muß wieder zurückgreifen auf den Krieg. Auch da konnte man ja einfache Leute verstehen, wenn sie zu uns Offizieren sagten: Ja, ihr führt euren Krieg, aber wir führen den euren! So konnte auch der Kuli zum Kaufmann sagen: Du machst dein Geschäft, aber ich mache das deine!

DER KAUFMANN Ich muß noch ein Geständnis machen. Als wir uns verirrt hatten, habe ich eine Flasche Wasser mit ihm geteilt, aber die zweite wollte ich allein trinken.

DER RICHTER Hat er Sie vielleicht gesehen beim Trinken?

DER KAUFMANN Das nahm ich an, als er mit dem Stein in der Hand auf mich zutrat. Ich wußte, daß er mich haßte. Als wir in die menschenleere Gegend kamen, war ich Tag und Nacht auf meiner Hut. Ich mußte annehmen, daß er bei der ersten Gelegenheit über mich herfallen würde. Wenn ich ihn nicht getötet hätte, hätte er mich getötet.

DIE FRAU Ich möchte etwas sagen. Er kann ihn nicht angegriffen haben. Er hat noch nie jemand angegriffen.

DER FÜHRER Seien Sie ruhig. Ich habe den Beweis seiner Unschuld in meiner Tasche.

DER RICHTER Hat man den Stein gefunden, mit dem der Kuli Sie bedrohte?

DER LEITER DER ZWEITEN KARAWANE Der Mann – *deutet auf den Führer* – hat ihn aus der Hand des Toten genommen. *Der Führer zeigt die Flasche.*

DER RICHTER Ist das der Stein? Erkennen Sie ihn wieder?

DER KAUFMANN Ja, das ist der Stein.

DER FÜHRER So sieh, was in dem Stein ist. *Er gießt Wasser aus.*

ERSTER BEISITZER Es ist eine Wasserflasche und kein Stein. Er hat Ihnen Wasser gereicht.

ZWEITER BEISITZER Jetzt sieht es ja so aus, als habe er ihn gar nicht erschlagen wollen.

DER FÜHRER *umarmt die Witwe des Getöteten:* Siehst du, ich konnte es beweisen: er war unschuldig. Ich konnte es ausnahmsweise beweisen. Ich habe ihm nämlich bei seinem Aufbruch auf der letzten Station diese Flasche gegeben, der Wirt ist Zeuge, und dies ist meine Flasche.

DER WIRT *zu sich:* Dummkopf! Jetzt ist nur auch er verloren.

DER RICHTER Das kann nicht die Wahrheit sein. *Zum Kaufmann:* Er soll Ihnen zu trinken gegeben haben!

DER KAUFMANN Es muß ein Stein gewesen sein.

DER RICHTER Nein, es war kein Stein. Sie sehen doch, daß es eine Wasserflasche war.

DER KAUFMANN Aber ich konnte nicht annehmen, daß es eine Wasserflasche sei. Der Mann hatte keinen Grund, mir zu trinken zu geben. Ich war nicht sein Freund.

DER FÜHRER Aber er gab ihm zu trinken.

DER RICHTER Aber warum gab er ihm zu trinken? Warum?

DER FÜHRER Wohl weil er glaubte, daß der Kaufmann Durst habe. *Die Richter lächeln sich an.* Wahrscheinlich aus Menschlichkeit. *Die Richter lächeln wieder.* Vielleicht aus Dummheit, denn ich glaube, er hatte gar nichts gegen den Kaufmann.

DER KAUFMANN Dann muß er sehr dumm gewesen sein. Der Mann war durch mich geschädigt worden, unter Umständen für die Zeit seines Lebens. Der Arm! Es war nur richtig von ihm, wenn er es mir zurückzahlen wollte.

DER FÜHRER Es war nur richtig.

DER KAUFMANN Für wenig Geld ging der Mann neben mir, der ich viel Geld habe. Aber die Straße war uns beiden gleich beschwerlich.

DER FÜHRER Das weiß er also.

DER KAUFMANN Als er müde war, wurde er geschlagen.

DER FÜHRER Und das ist nicht richtig?

DER KAUFMANN Anzunehmen, der Kuli würde mich nicht bei der ersten Gelegenheit niederschlagen, hätte bedeutet anzunehmen, er habe keine Vernunft.

DER RICHTER Sie meinen, Sie haben mit Recht angenommen, der Kuli müsse etwas gegen Sie haben. Dann hätten Sie zwar einen unter Umständen Harmlosen getötet, aber nur weil Sie nicht wissen konnten, daß er harmlos ist. Das haben wir bei unserer Polizei mitunter. Sie schießen in eine Menge, Demonstranten, ganz friedliche Leute, nur weil sie sich nicht vorstellen können, daß diese Leute sie nicht einfach vom Pferd reißen und lynchen. Diese Polizisten schießen eigentlich alle aus Furcht. Und daß sie Furcht haben, ist ein Beweis von Vernunft. Sie meinen, Sie konnten nicht wissen, daß der Kuli eine Ausnahme bildete!

DER KAUFMANN Man muß sich an die Regel halten und nicht an die Ausnahme.

DER RICHTER Ja, das ist es: Welchen Grund sollte dieser Kuli gehabt haben, seinem Peiniger zu trinken zu geben?

DER FÜHRER Keinen vernünftigen!

199

DER RICHTER *singt:*

Die Regel ist: Auge um Auge!
Der Narr wartet auf die Ausnahme.
Daß ihm sein Feind zu trinken gibt
Das erwartet der Vernünftige nicht.

*Zum Gericht:* Wir beraten jetzt.
*Das Gericht zieht sich zurück.*

DER FÜHRER *singt:*

In dem System, das sie gemacht haben
Ist Menschlichkeit eine Ausnahme.
Wer sich also menschlich erzeigt
Der trägt den Schaden davon.
Fürchtet für jeden, ihr
Der freundlich aussieht!
Haltet ihn zurück
Der da jemand helfen will!

Neben dir durstet einer: schließe schnell deine Augen!
Verstopf dein Ohr: neben dir stöhnt jemand!
Halte deinen Fuß zurück: man ruft dich um Hilfe!
Wehe dem, der sich da vergißt! Er
Gibt einem Menschen zu trinken, und
Ein Wolf trinkt.

DER LEITER DER ZWEITEN KARAWANE Haben Sie keine Angst, daß Sie nie mehr eine Stelle bekommen?
DER FÜHRER Ich mußte die Wahrheit sagen.
DER LEITER DER ZWEITEN KARAWANE *lächelnd:* Ja, wenn Sie müssen . . .
*Das Gericht kommt zurück.*
DER RICHTER *zum Kaufmann:* Das Gericht stellt noch eine Frage an Sie. Sie hatten doch durch die Erschießung des Kulis nicht etwa einen Vorteil?

DER KAUFMANN Im Gegenteil. Ich brauchte ihn doch zu dem Geschäft, das ich vorhatte in Urga. Er trug doch die Karten und die Vermessungstabellen, die ich brauchte. Allein war ich doch nicht imstande, meine Sachen zu tragen!

DER RICHTER Sie haben Ihr Geschäft in Urga also nicht gemacht?

DER KAUFMANN Natürlich nicht. Ich kam zu spät. Ich bin ruiniert.

DER RICHTER Dann verkündige ich das Urteil: Das Gericht unterstellt als bewiesen, daß der Kuli nicht mit einem Stein, sondern mit einer Wasserflasche sich seinem Herrn näherte. Aber selbst dies vorausgesetzt, ist es eher noch zu glauben, daß der Kuli seinen Herrn mit der Wasserflasche erschlagen wollte, als ihm zu trinken zu geben. Der Träger gehörte einer Klasse an, die tatsächlich einen Grund hat, sich benachteiligt zu fühlen. Für solche Leute wie den Träger war es nichts als pure Vernunft, sich vor einer Übervorteilung bei der Verteilung des Wassers zu schützen. Ja sogar gerecht mußte es diesen Leuten bei ihrem beschränkten und einseitigen, nur an der Wirklichkeit haftenden Standpunkt erscheinen, sich an ihrem Peiniger zu rächen. An dem Tag der Abrechnung hatten sie doch nur zu gewinnen. Der Kaufmann gehörte nicht der Klasse an, der sein Träger angehörte. Er mußte sich von ihm des Schlimmsten versehen. Der Kaufmann konnte nicht an einen Akt der Kameradschaft bei dem von ihm zugestandenermaßen gequälten Träger glauben. Die Vernunft sagte ihm, daß er aufs stärkste bedroht sei. Die Menschenleere der Gegend mußte ihn mit Besorgnis erfüllen. Die Abwesenheit von Polizei und Gerichten machte es seinem Angestellten möglich, seinen Teil vom Trinkwasser zu erpressen und ermutigte ihn. Der Angeklagte hat also in berechtigter Notwehr gehandelt, gleichgültig, ob er bedroht wurde oder nur sich bedroht fühlen mußte. Den gegebenen Umständen gemäß mußte er sich bedroht fühlen. Der Angeklagte wird also freigesprochen, die Frau des Toten mit ihrer Klage abgewiesen.

So endet
Die Geschichte einer Reise.
Ihr habt gehört und ihr habt gesehen.
Ihr saht das Übliche, das immerfort Vorkommende.
Wir bitten euch aber:
Was nicht fremd ist, findet befremdlich!
Was gewöhnlich ist, findet unerklärlich!
Was da üblich ist, das soll euch erstaunen.
Was die Regel ist, das erkennt als Mißbrauch
Und wo ihr den Mißbrauch erkannt habt
Da schafft Abhilfe!

# Anmerkung

Entstehungszeit: 1929–1930. Vorspruch (*Versuche*-Heft 10): »›Die Ausnahme und die Regel‹, ein kurzes Stück für Schulen, ist der 24. Versuch.«

In dem Lied *Der kranke Mann stirbt und der starke Mann ficht* sind zwei Zeilen leicht variiert zwei Gedichten Kiplings entnommen.

Schriften zum Theater

Gedichte

Prosa

## Bibliothek Suhrkamp

## edition suhrkamp

Bertolt Brechts Dreigroschenoper mit Schallplatte ›Bertolt Brecht singt‹
Theaterarbeit. Sechs Aufführungen des Berliner Ensembles
Die sieben Todsünden der Kleinbürger


## Bertolt Brecht Gesammelte Werke

### Werkausgabe in 20 Bänden

Herausgegeben vom Suhrkamp Verlag in Zusammenarbeit mit Elisabeth
Hauptmann. Neu durchgesehene und neu geordnete Ausgabe. Leinen-
kaschiert. Kassette.

*Aufbau der Bände:*
Bände 1–7 Stücke, Bearbeitungen, Einakter, Fragmente. 8–10 Gedichte.
11–14 Geschichten, Romane, *Me-ti, Tui, Flüchtlingsgespräche.* 15–17
Schriften 1 (zum Theater). 18–20 Schriften 2 (zur Literatur, Kunst,
Politik und Gesellschaft).


### Dünndruckausgabe in 8 Bänden

Herausgegeben vom Suhrkamp Verlag in Zusammenarbeit mit Elisabeth
Hauptmann. Neu durchgesehene und neu geordnete Ausgabe. Leinen und
Leder. Kassette.

*Aufbau der Bände:*
Bände 1–3 Stücke, Bearbeitungen, Einakter, Fragmente. 4 Gedichte.
5–6 Geschichten, Romane, *Me-ti, Tui, Flüchtlingsgespräche.* 7–8 Schriften (zum Theater, zur Literatur, Kunst, Politik und Gesellschaft).


Beide Ausgaben präsentieren das Gesamtwerk Brechts neu und hand-
lich. Alle Texte wurden neu durchgesehen; die Anmerkungen enthalten
werkgeschichtliche Fakten und die Änderungen gegenüber früheren
Ausgaben. Zum ersten Mal werden veröffentlicht: Der *Tui*-Roman,
*Turandot oder Der Kongreß der Weißwäscher,* acht Fragmente, etwa
250 Seiten Schriften zur Politik und Gesellschaft. Die Texte beider
Ausgaben sind identisch. Die Bände weichen voneinander ab in der
Einteilung, sowie im Format, in der Ausstattung und im Preis.

Bibliothek Suhrkamp